SOCIÉTÉ

DES

BIBLIOPHILES BELGES

SÉANT A MONS

LXXVe ANNIVERSAIRE

19 NOVEMBRE 1911

MONS

IMPRIMERIE LÉON DEQUESNE

MCMXII

SOCIÉTÉ

DES

BIBLIOPHILES BELGES

SÉANT A MONS

Extrait du Tome I du Bulletin

Exemplaire de la Bibliothèque Nationale,
à Paris.

N° 34

Le Président,

Le Secrétaire,

JUSTIFICATION DU TIRAGE :

1 à 60 sur papier de Hollande
61 à 170 sur papier Velin
numérotés à la presse.

SOCIÉTÉ

DES

BIBLIOPHILES BELGES

SÉANT A MONS

LXXVe ANNIVERSAIRE

19 NOVEMBRE 1911

MONS

IMPRIMERIE LÉON DEQUESNE

MCMXII

SÉANCE JUBILAIRE DU 19 NOVEMBRE 1911

La réunion se tient, à onze heures, à l'hôtel Carlier, à Mons.

Sont présents MM. Wins, *président* ; Berlière, de Backer, de Ghellinck, de Sailly, Desguin, Dolez, Hublard, Matthieu, Puissant, Slotte, Poncelet, *secrétaire*.

MM. Dony, délégué du Cercle Archéologique de Mons et Faider, représentant la Société des Sciences des Arts et des Lettres du Hainaut, assistent à la séance et prennent place au bureau,

Se sont fait excuser : MM. Cohen, Courtin, de Lalieux de la Rocq, Demeuldre, Comte de Villegas, Hecq, Hocquet, Houzeau de Lehaie, Jennepin, Losseau, Martel, Michot, Ouverleaux, van den Gheyn et Warocqué.

La direction de la Bibliothèque impériale et royale de Vienne a envoyé une très aimable lettre de félicitations.

1° **Admission de nouveaux membres.** — Sont élus à l'unanimité membres de la Société : MM. Léon de Sailly, Ingénieur en chef des Mines à Hensies ; Auguste Michot, Directeur de l'Institut Michot et Mongenast, à Bruxelles ; François Dolez, étudiant à Mons. M. le Président souhaite la bienvenue aux nouveaux confrères.

2° **Allocution de M. Alph. Wins, président.** — M. le Président rappelle les origines de la Société et rend hommage à la mémoire des membres fondateurs et des présidents défunts ; parmi ceux-ci, il mentionne tout particulièrement Renier Chalon, aussi connu par son érudition que par ses multiples facéties.

3° **Communication de Dom Ursmer Berlière.** — Sous le titre : *Un bibliophile du IXe siècle,* Dom Berlière évoque la figure d'un moine de Ferrières en Gatinais, qui, grand amateur de manuscrits, parcourt le monde à la recherche des textes, collectionne des extraits de Suétone, Cicéron, Aulu-Gèle, Bède, saint Jérome, Quintilien, etc., et après avoir séjourné à Prum, à Fulda, à Rome, à Tours, à Rouen et en maintes autres villes, revient en son couvent de Ferrières, où il vit au milieu de ses livres, augmentant sans cesse ses précieux documents de copies exécutées par des scribes expérimentés.

4° **Causerie de M. Hublard.** — *A propos du centenaire de la Bibliothèque publique de Mons.* M. Emile Hublard, dans une causerie attachante, faite de souvenirs, rappelle l'origine de la Bibliothèque communale et montre la place qu'elle occupe aujourd'hui parmi les œuvres d'enseignement qui sont l'honneur de la Ville de Mons.

L'assemblée décide que les communications faites à la séance jubilaire seront publiées dans le bulletin et qu'il sera tiré à part un certain nombre d'exemplaires du compte-rendu de cette réunion.

Un exemplaire de la première feuille du travail de MM. Matthieu et Poncelet, *les Imprimeurs Montois,* est déposé sur le bureau.

La séance est levée à 1 heure.

Après la séance, les membres présents de la Société, auxquels avaient bien voulu se joindre les délégués de la Société des Sciences et du Cercle archéologique, se retrouvèrent au restaurant Devos où ils firent honneur à un excellent banquet. Les menus étaient artistement illustrés par la plume habile de M. Paul Faider.

Au dessert, le toast au Roi, porté par le Président, fut très acclamé. D'autres santés se succédèrent, applaudies avec entrain et de nombreux télégrammes arrivèrent de toutes parts.

M. le Président a reçu le télégramme suivant, en réponse au toast qu'il avait porté au Roi, lors du banquet des Bibliophiles, toast qui a été adressé à Sa Majesté :

« M. le juge Wins, Président de la Société des Bibliophiles belges, à Mons.

« Le Roi m'a chargé de vous remercier très cordialement, ainsi que les membres de la Société des Bibliophiles dont vous vous êtes fait l'interprète, du télégramme que vous avez adressé. Le Roi et la Reine ont été très touchés des sentiments dont ce télégramme était l'expression. »

« *Le Ministre de la Maison du Roi.* »

ALLOCUTION DE M. ALPH. WINS, PRÉSIDENT

I. Notice sur la Société des Bibliophiles belges

Messieurs,

Lorsqu'une société locale, sans subside, arrive à son soixante-quinzième anniversaire, et occupe une position honorable dans le domaine historique, il importe d'examiner comment elle y parvint et quels hommes l'ont dirigée.

Modestes furent ses débuts. Le 4 avril 1835, *les souscripteurs à l'effet de constituer une société de bibliophiles à Mons, à l'instar de Paris* : MM. Renier Chalon, Charles De Le Court, Adrien Le Tellier, Martin Leroux et Emmanuël Hoyois se réunissaient chez Henri Delmotte.

Après avoir examiné les articles des statuts des Bibliophiles français communiqués par le baron de Reiffenberg, et ceux du Club de Roxburgh, ils formèrent leur règlement.

La nouvelle association prit d'abord le titre de Bibliophiles de Mons, puis celui de Bibliophiles belges ; elle ne pouvait comprendre que vingt-cinq membres et avait pour but : 1°) la publication de documents historiques ou littéraires inédits ; 2°) la réimpression d'opuscules d'une grande rareté, en donnant toujours la préférence, dans l'un comme dans l'autre cas, à ce qui intéresse spécialement Mons ou le Hainaut (1).

(1) Société des Bibliophiles de Mons : règlement, p. 1 (s. l. n. d.).

Séance tenante, Delmotte fut élu Président et Chalon, secrétaire. Ces choix étaient excellents, car Delmotte, fils de Philibert, premier bibliothécaire de Mons, avait hérité de son père l'amour des livres. Chercheur infatigable, il rassemblait les volumes de l'antiquité, du moyen-âge, des temps modernes, et certes, Madou fut bien inspiré, quand dans un ex-libris, il personnifia les trois époques de l'humanité, venant apporter leurs chefs-d'œuvre à la Bibliothèque d'Henri Delmotte. Ce

dernier collectionnait aussi les éditions montoises, les manuscrits, autographes, gravures, médailles, antiquités (1).

Sa bonhomie était proverbiale ; nul ne se fâchait de ses épigrammes, il éparpillait à pleines mains sa gaieté folle et ses spirituelles plaisanteries.

Chalon, son intime ami, partageait ses goûts ; son humeur joviale, parfois caustique, fusait à tout propos. Ses connais-

(1) Hennebert, *Notice biographique et littéraire publiée par la Société des Bibliophiles belges, sur H. Delmotte*, pp. 10 et 11 (Mons, 1836).

sances livresques, son érudition de bon aloi, montraient déjà le bibliophile distingué qu'il était alors.

Dirigée par ces deux hommes savants, spirituels et actifs, notre compagnie naissait sous les meilleurs auspices.

Immédiatement, elle fit imprimer le règlement avec la liste des 22 fondateurs. Les voici d'après leurs numéros :

MM. H. Delmotte, à Mons ; R. Chalon, à Mons ; C. Chênedollé, à Liége ; A. Decourtrai, à Mons ; C. De Le Court à Mons ; F. de Reiffenberg, à Louvain ; B. De Rive, à Jemappes ; B. Renard, à Tournai ; A. Dinaux, à Valenciennes ; V. François, à Mons ; L. Gachard, à Bruxelles ; F. Hennebert, à Tournai ; H. Hoyois, à Mons ; E. Hoyois-Derely, à Mons ; A. Leglay, à Lille ; M. Leroux, à Mons ; A. Leroy, à Valenciennes ; A. Le Tellier, à Mons ; M. Polain, à Liége ; M. Ranscelot, à Mons ; L. Van de Weyer, à Londres et C. Wins, à Mons.

Les exemplaires nos 26 et 27 étaient respectivement destinés à la Bibliothèque de Mons et à la Société des Bibliophiles de Paris. Dans la première séance, on décida d'imprimer le mémoire inédit reposant aux archives de l'État à Mons : *Gouvernement du pays d'Haynnau depuis le Règne de l'Archiduc Albert d'heureuse mémoire, 1631*, à 27 ex. grand papier, et 160 sur papier inférieur. Cette publication parut la même année ; elle fut dirigée par le Président et le secrétaire ; le volume portait la première marque de notre compagnie : au pied d'une mappemonde entourée des emblêmes du commerce et de l'industrie, reposait un vieux bouquin sur la couverture duquel était inscrit : Société des Bibliophiles de Mons (1).

(1) Cette vignette subsista jusqu'au n° 11 de nos publications imprimé en 1841 muni de la marque actuelle qui porte la même devise. Cependant la Société portait alors le titre de Bibliophiles belges séant à Mons.

Mais déjà la maladie terrassait Delmotte sans lui enlever sa passion pour l'étude ni son étonnante gaieté ; « il la conserva, dit Hennebert, jusqu'à son dernier moment ; sa bouche

ne souriait plus qu'elle cherchait encore à faire sourire les autres » (1).

Il s'éteignit le 7 mars 1836, âgé de trente-sept ans. Le 14, Ad. Mathieu lisait, à la Société des Sciences, des Arts et des

Lettres du Hainaut, un hommage poétique d'où j'extrais les vers suivants :

Il n'est plus ! Il n'est plus l'ornement de nos fêtes !
Accourez — érudits, — artistes et poètes —
Vous tous à qui sa perte arrache tant de pleurs —
Des fleurs à pleines mains ! — semez, semez de fleurs

(1) HENNEBERT, *Notice* citée, p. 12.

MADOU FEC. LITH. ROYALE

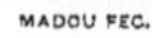

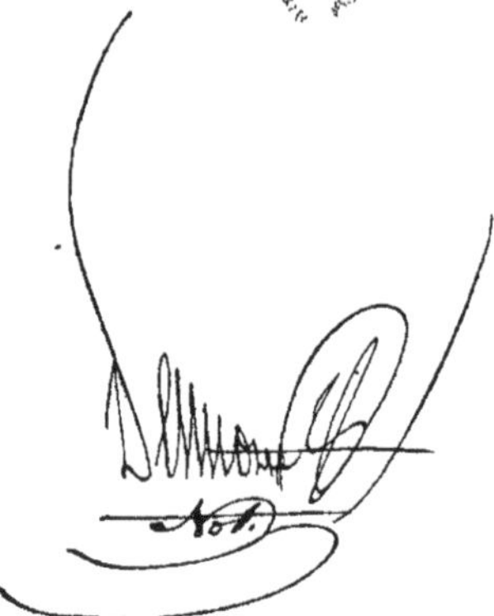

La tombe qui ravit implacable et fatale
Sa plus belle couronne à ma ville natale !
. . . .
Reçois ce faible hommage, et si, du haut des cieux,
Comme autrefois sur moi tu peux fixer les yeux,
Si de nous occupé, toujours humble et modeste,
Des choses d'ici-bas un souvenir te reste,
Vois comme à mes côtés tous ceux qui t'ont chéri,
En écoutant mes vers ont tristement souri ;
Vois leurs regrets profonds, vois leurs larmes sincères....
Et, là haut, à l'abri des humaines misères,
Repose doucement entre les bras de Dieu. —
Pour la dernière fois, pour la dernière.... Adieu.... (1)

Le 31 mars 1836, la Société se réunissait et après avoir nommé président Chalon et secrétaire Ch. De Le Court, chargeait Hennebert de rédiger une notice afin de rendre un hommage durable à Delmotte.

« Ce petit monument typographique, disait Chalon le 29 mars 1837, fut élevé à la mémoire d'un ami que nous regrettons tous et dont la place sera longtemps encore vacante parmi nous... Nous devons des éloges à l'exécution de ce volume dans lequel Hoyois a fait véritablement preuve d'élégance et de bon goût. »

C'était en effet, MM., une magnifique édition sur papier porcelaine, ornée d'un excellent portrait dessiné et lithographié par Madou (2), d'une reproduction d'une lettre du défunt adressée en 1834, à Hennebert et signée : « Le très pressé Delmotte, votre plus grand ami physiquement et moralement ». Puis venait la liste des publications de ce dernier, l'hommage poétique de Mathieu, des notes sagaces,

(1) Hennebert, *Notice* citée, pp. 28-30.

(2) Reproduit dans cette notice avec la signature de Delmotte, apposée au procès-verbal de la première séance de notre Société.

et la liste des 22 membres de la Société des Bibliophiles, au 1er octobre 1836 (1).

Immédiatement, notre compagnie reprit ses travaux : de 1837 à 1842, dix ouvrages importants paraissent, dont deux : *La Chronique du bon Chevalier Messire Gilles de Chin,* et *Les mémoires de Messire Jean seigneur de Haynin,* publiés par Chalon ; Ch. De Le Court donna ses soins à l'impression du *Rapport sur les antiquités de Mons* et du poême *Le vœu du héron,* en collaboration, pour ce dernier, avec l'infatigable président.

Les membres, outre leurs nombreuses réunions dans lesquelles ils mêlaient toujours l'utile à l'agréable, se réunissaient parfois en un banquet.

Le 3 Avril 1842, c'était à Bruxelles, chez le restaurateur Dubos fils. Pendant le dîner, Baron chanta des couplets faits par lui pour la fête et de Reiffenberg lut les vers suivants :

A nos Amis les Bibliophiles

Pour franchir les ravins, les écueils de la vie,
De Maistre l'a bien dit, il nous faut un dada :
Aux titres, aux grandeurs, l'un à l'âme asservie ;
L'autre encense Plutus qui toujours le bouda.
Plus sages j'en connais qui, sujets d'une femme,
Font de son doux regard dépendre leur bonheur ;
Et nous, d'un vieux bouquin, sans chiffre et sans réclame,
A tout nous préférons l'arbitraire valeur.

(1) La remarquable reliure de mon exemplaire, signée : *Masquillier,* est en plein cuir anglais, bleu de roi, fleurons romantiques aux angles reliés par huit filets droits. Au centre, dans des écussons de même style, les plats portent, l'un l'inscription « Notice sur Delmotte » et l'autre, « 1836 ». Les dorures soigneusement exécutées, sont de la plus grande fraîcheur.

Agréable faiblesse, innocente folie
Qui ne coûtas jamais ni regret ni soupir !
A ceux que vous guidez ici je me rallie ;
Oh ! resserrez les nœuds qui doivent nous unir !
Si quelque jour le sort s'obstine à nous poursuivre,
S'il nous fait éprouver sa funeste rigueur,
Entre le sort et nous sachons placer un livre,
Et devant ce rempart échoûra sa fureur. (1)

Quelques mois après, la Société des Bibliophiles de Belgique fêtait l'arrivée dans notre pays du célèbre dr Frogall Dibdin, doyen de Saint-Patrick à Londres (2), et lui remettait le diplôme suivant :

« La société des Bibliophiles de Belgique, voulant témoigner la satisfaction qu'elle éprouve de recevoir à Bruxelles, l'illustre bibliographe anglais, le Révérend docteur Th.-Frogall Dibdin, a résolu — par dérogation spéciale et unique à ses statuts — de lui décerner le titre de membre honoraire.

« Bruxelles, 26 octobre 1842.

Le Secrétaire,	Le Président,
(signé :) Baron DE REIFFENBERG.	(signé :) Prince DE LIGNE. »

Notre association, Messieurs, suivit cet exemple. Le 7 novembre, après un banquet — dont le menu pantagruélique rappelle ceux d'alors — les membres présents : Chalon, Van de Weyer, baron de Reiffenberg, Lacroix, Hoyois, Dinaux, Joly, Le Tellier et Wins, tinrent immédiatement une réunion.

(1) 1 feuille s. l. n. d. Édition des Bibliophiles belges ; Baron DE REIFFENBERG, *Annuaire de la Bibliothèque royale*, 1843, pp. 174-180.

(2) Auteur du remarquable ouvrage traduit par Licquet. « *Voyage bibliographique, archéologique et pittoresque en France* », 4 vol. enrichis de figures. (Paris, 1825.)

L'assemblée décida d'admettre Dibdin comme membre honoraire, puis le Président donna l'accolade au célèbre invité,

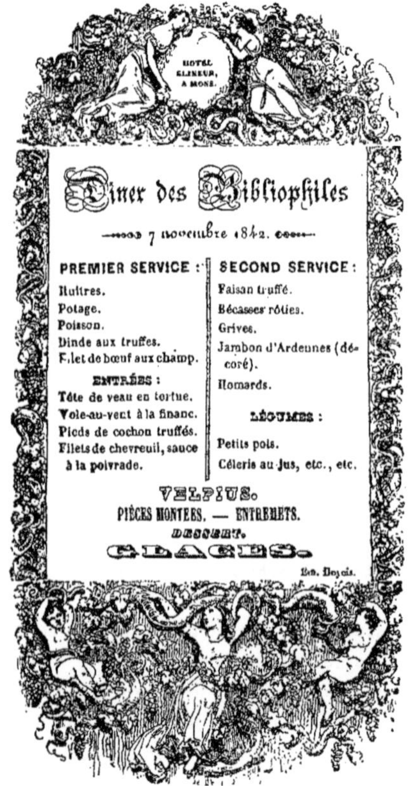

HOTEL ELINEUR, A MONS.

Diner des Bibliophiles

7 novembre 1842.

PREMIER SERVICE :	SECOND SERVICE :
Huitres. Potage. Poisson. Dinde aux truffes. Filet de bœuf aux champ. ENTRÉES : Tête de veau en tortue. Vole-au-vent à la financ. Pieds de cochon truffés. Filets de chevreuil, sauce à la poivrade.	Faisan truffé. Bécasses rôties. Grives. Jambon d'Ardennes (décoré). Homards. LÉGUMES : Petits pois. Céleris au jus, etc., etc.

VELPIUS.

PIÈCES MONTÉES. — ENTREMETS.

DESSERT.

GLACES.

Em. Hoyois.

lui remit l'acte authentique de sa nomination, et enfin le Baron de Reiffenberg lut ces vers charmants :

Un livre est un ami donné par la pensée ;
Sous le poids des ennuis, lorsque l'âme affaissée
Sommeille lâchement d'une molle langueur,
C'est lui qui la relève et lui rend sa vigueur.

Contre les coups du sort il arme l'infortune,
Fait taire du passé la mémoire importune,
Calme des passions la fougueuse âcreté ;
Et, sans blesser l'orgueil, lui dit la vérité.
Assidu compagnon, mais jamais incommode,
Il change à notre gré, de ton et de méthode ;
Pour la frivolité, pour l'esprit sérieux
Il a mille secrets nouveaux et curieux ;
Et toujours bienvenu du savant solitaire,
Des boudoirs parfumés charme encore le mystère.
Que ton art, ô Martens, m'a donné de bonheur !
Je suis bibliophile et je le suis de cœur :
Un livre fut l'appui de ma débile enfance,
Un livre du vieillard soutiendra l'impuissance.
Les livres, et c'est là leur bienfait le plus doux,
Ne m'ont-ils pas, amis, enrôlé parmi vous ?
Que ce festin me plaît ! Quels talents il rassemble !
Aux banquets de Platon, mais moins raide, il ressemble ;
J'y vois plus de franchise avec plus de gaieté. (1)

Le Gouverneur Liedts et cinq membres de la Société des Sciences, des Arts et des Lettres du Hainaut, invités à la fête, reçurent, comme les autres convives, un exemplaire à leur nom du diplôme accordé, et plus tard, la poésie imprimée en caractères gothiques.

Hélas ! pourquoi, parmi les hommes les plus pacifiques,

La discorde, à l'aspect d'un calme qui l'offense,
Fait siffler ses serpents, s'excite à la vengeance !

Dès 1842, des discussions pécuniaires s'étaient élevées en séance avec le collègue Emmanuël Hoyois, imprimeur de la Société. Elles se prolongèrent longtemps et obligèrent enfin notre compagnie, le 27 août 1854, à prendre la disposition réglementaire suivante : *Aucun de ses membres ne*

(1) Imprimé, car. goth. Édition des Bibliophiles belges, 2 pp. ; Baron DE REIFFENBERG, *Annuaire* cité, pp. 183-184.

peut être directement ou indirectement intéressé dans une entreprise faite pour la Société.

Le bureau fut chargé de choisir de suite, à Mons, un nouvel imprimeur.....

Quel fut le résultat de cette résolution ?

L'année suivante, Hoyois lançait le prospectus d'une nouvelle édition, à paraître le 1er décembre 1855, du *Catalogue de la Bibliothèque de feu le comte de Fortsas, avec la correspondance si précieuse des notabilités en bibliophilie pour l'achat de certains ouvrages et la reproduction des articles de journaux, revues et bulletins littéraires parus à cette occasion.*

Notre président avait écrit déjà, le 22 octobre, à Hoyois : « Je ne puis consentir à la réimpression de cette vieille facétie usée jusqu'à la corde et surtout à la publication de lettres confidentielles ; c'est un appel que je fais à votre loyauté et à votre bonne foi ; et je viens de nouveau vous dire par écrit ce que je vous ai dit de vive voix. »

Hoyois s'entêta ; un de nos confrères, Polain, lui mandait le 27 octobre : « Je n'encouragerai pas une œuvre de cette nature. M. Chalon m'écrit qu'il y est complètement étranger et je viens de lui exprimer combien j'en suis heureux pour lui ; il m'eût été fort pénible de lui retirer mon estime. »

Des journaux, des revues, engagèrent Hoyois à renoncer à son idée ; le directeur du Bulletin du Bibliophile Belge (t. II, p. 492), répondant à une lettre de Hoyois, lui exprimait le regret de n'avoir pas complètement laissé dormir de Fortsas. « C'est principalement à la publication de ces particularités que M. Chalon s'oppose et cela pour des raisons que notre conscience nous oblige à approuver. Il est fâcheux qu'une spirituelle plaisanterie parfaitement goûtée en 1840 prenne une tournure si peu amusante en 1855. »

Notre Société intervint et, vu l'obstination de Hoyois, lui appliqua, le 8 mars 1857, l'article XIV des statuts.

Depuis lors, le calme continue de régner parmi nos doctes collègues ; les publications paraissent régulièrement. Citons les principales : *Perceval le Gallois ou le comte du Graal*, 6 vol. in-8°, édités, de 1866 à 1872, par Charles Potvin, avec un subside de 3.000 fr. du Gouvernement ; *Le Cartulaire des rentes et cens dus au Comte de Hainaut*, 2 vol. in-8° (1873-1875), auquel le savant archiviste Devillers ajouta des annexes les plus intéressantes, un glossaire et des tables ; les *Mémoires sur l'histoire de la Ville de Mons, par P.-P.-J. Harmignie et N.-J.-H. Descamps*, 1 vol. in-8° (1882), que Jules De Le Court et Charles Rousselle enrichirent d'une introduction et de notes sagaces.

Ainsi l'on arrive au cinquantième anniversaire. Une séance non publique eut lieu le 25 octobre 1885 au salon dit des Portraits, à l'hôtel-de-ville.

En dehors de nos collègues, y assistaient : Le Duc d'Ursel, gouverneur du Hainaut, Léon Paternostre, bourgmestre, Hippolyte Laroche et Antoine Clesse, délégués, l'un de la Société des Sciences, des Arts et des Lettres du Hainaut, et l'autre du Cercle archéologique de Mons. Notre vénérable président avait eu le premier l'idée de cet anniversaire ; c'était pour lui une joie d'y assister. Malheureusement, nous fûmes privés de sa présence, et ne pûmes fêter, ce jour-là, le fondateur qui était à notre tête depuis quarante neuf ans !

On eût été heureux de lui remettre l'exemplaire richement relié (1) de la *Description abrégée des villes, des localités et*

(1) Schavye avait relié l'ouvrage en veau Lavallière ; dans le milieu du recto se trouvait le chiffre R. C. formé d'une riche mosaïque entourée de perles ; au verso : 1835-1885. L'intérieur, en maroquin brun, était semé de pensées d'or. L'étui qui renfermait le livre portait la dédicace : « La Société des Bibliophiles Belges, séant à Mons, à son Président, M. Renier Chalon. »

des monastères du Hainaut et de quelques contrées voisines par Jacques Lessabée (1534), traduite du latin avec introduction et notes de Gonzalès Decamps, Alphonse Wins et illustrée de dessins dus à la plume de notre collègue Léon Dolez. Ce livre fut adressé, par exprès, à Chalon.

Le vice-président, Max Deprez, prononça un discours remarquable. Hippolyte Laroche, poète de toutes les fêtes montoises, adressa les félicitations de la société qu'il représentait et terminait ainsi :

« Que le cœur dans ma voix mette un accent sonore
« Pour lancer plein d'ardeur mes vœux comme à vingt ans,
« A l'un des fondateurs qui nous préside encore
« Dont la verte vieillesse est faite de printemps !

A deux heures un banquet magnifique servi par le « *Maître-queux de la Société des Bibliophiles M. E. Dupuis,* « *demeurant en la rue des Clercqz, proche de la Grand'Place* » selon le menu de la fête (1), réunissait collègues et invités.

(1) Coquilles de tenedOs.
Potage Plantin.
Petites formes de Mauviettes à l'Elzevier.
Truite saumonée, couverture de vélin.
Chevreuil en galée.
Nervures de Pré salé, rognures de céleris.
Feuillets de chapon, tranche vermeille.
Sorbet à l'hypocras.
Chicons crêmés à la Renier.
Faisans enluminés de truffes.
Bécasses sur papyrus.
Ecrevisses de la Vaneville.
Gâteaux de Guttenberg.
Glaces marbrées et maroquinées.
Fruicts, dessert.

Le vice-président Deprez porta la santé du Roi, du Gouverneur et du Bourgmestre ; M. Abel Le Tellier, fils d'un fondateur, but avec humour aux deux sociétés sœurs ; Hippolyte Laroche donna lecture de trois poésies de circonstance : *le Livre*, le *Bibliomane*, le *Cinquantenaire des bibliophiles* ; enfin, Antoine Clesse, avec son charme et sa finesse d'expression, dit ses spirituelles chansons : *La Fourmillière*, — *Mon étau*, — *Jocrisse*.

Quatre années ne s'étaient pas écoulées depuis ce joyeux jubilé que Chalon s'éteignait à Ixelles, le 23 février 1889.

Après avoir payé, le 26 avril, un tribut de reconnaissance émue au savant, à l'ami vénéré dont la sage direction leur avait ménagé, dans le monde intellectuel une place honorable, nos collègues nommèrent Hector Manceaux président.

Bientôt, la maladie le contraignit à démissionner et, le 21 novembre 1893, Léon Dolez lui succéda. Dans cette séance, l'assemblée doubla le nombre de ses membres avec faculté d'y comprendre des compagnies savantes du pays et de l'étranger, supprima le droit d'entrée, et ramena la cotisation de vingt à quinze francs.

Vers cette époque, l'Académie d'archéologie de Belgique sollicitait notre concours à l'effet d'organiser, à Mons, la IXe session du Congrès d'archéologie et d'histoire. La proposition fut acceptée en principe et le 25 février 1894, nous délégâmes le bureau près de la Société des Sciences, des Arts et des Lettres du Hainaut et près du Cercle archéologique de Mons, pour obtenir leur adhésion.

Elle ne se fit pas attendre. Leurs comités administratifs et le nôtre constituèrent alors la commission organisatrice et, afin d'éviter toute susceptibilité, il fut décidé que les trois présidents : MM. Houzeau de le Haye, Devillers et Dolez seraient chargés de diriger à tour de rôle les travaux, et que les secrétaires : MM. Hublard, Matthieu et Wins rempliraient de commun accord les fonctions dévolues au secrétaire général, d'après les statuts de la Fédération (1).

Le Congrès du 5 au 9 août réussit au delà de toute espérance.

Ce fraternel concours amena « les plus brillants et les plus fructueux résultats ; l'accueil si cordial et si franchement hospitalier reçu par les étrangers restera vivant dans leur mémoire et leur cœur » (2).

Les modifications hardies apportées à notre règlement ravivèrent peu à peu notre société ; le 25 avril 1897, ses cinquante fauteuils étaient occupés et ses travaux reprenaient.

Cependant, avait déjà paru : *Les antiquités de la ville de Condé,* annotées par Ernest Matthieu (1896), puis vinrent : *Les bans de police de Mons du XIII*e *au XIV*e *siècle*, publiés par Léopold Devillers (1897) et *Le Tournoi de Chauvency* avec avant-propos et glossaire archéologique de Gaëtan Hecq (1898) ; un *Supplément* qui contenait les variantes des manuscrits de Mons, d'Oxford et de Reims forma le tome II de ce poème (1901).

Le 6 juin de l'année suivante, survint le décès de Léon Dolez. Notre compagnie lui doit d'avoir surmonté une période de crise et, à ce titre, le nom de cet habile pilote doit être inscrit dans nos annales, comme dans nos meilleurs souvenirs !

Lorsque, le 24 mai 1903, Jules De Le Court eut accepté la présidence, notre association prit un vigoureux essor. Elle participa honorablement au congrès historique et archéolo-

(1) Compte-rendu du Congrès archéologique et historique de Mons, pp. 8 et 9.

(2) Donnet, *Rapport sur le Congrès archéologique et historique de Mons.* — Académie d'archéologie de Belgique, Bulletin, 1890-1894. pp. 516 et 524.

gique de 1904, organisé comme le précédent, et les séances qui lui revenaient furent dirigées avec une grande compétence et une exquise courtoisie.

Le premier volume du *Journal historique de Paridaens* (1903) doit à De Le Court une grande correction, plusieurs documents de valeur et le frontispice « le cymbalier de la musique turque de Mons », fac simile d'une aquarelle originale du temps. Le second parut quatre ans après (1907).

Notre président en avait revisé plusieurs feuilles, quand l'impitoyable mort vint inopinément le faucher le 14 février 1906. Depuis le 25 août 1861, il ne cessa de collaborer à notre œuvre ; ses services signalés méritent de notre part une profonde gratitude.

Ici, Messieurs, se termine cette notice : « le présent n'est pas encore de l'histoire » (1), mais il est un heureux présage pour l'avenir ! Les Bibliophiles belges continueront résolument leur marche et atteindront avec honneur leur centième anniversaire !

---

(1) Dr Walraff (Chalon), *Numismatik der ordens der agathopeden...* p. 12 (Berlin 1853).

II. — Biographies des Présidents (1)

RENIER CHALON

> « Être court ! Oui, le grand désir de tout le monde, mais aussi la suprême difficulté ! Que de fois, malgré ces réflexions si profondes et si justes, j'ai péché contre elle par ce scrupule invincible qui toujours fait craindre de n'en avoir pas dit assez et porte à croire que rien n'est fait tant qu'il reste quelque chose à faire » (2).

Renier-Hubert-Ghislain Chalon naquit à Mons, le 4 décembre 1802, de Jacques et de Catherine Bellot, conquit à Louvain son diplôme de docteur en droit (1824) et devint successivement receveur des contributions à Cuesmes, Mons, Molenbeek-St-Jean et Bruxelles.

Dès le collège, sa passion pour les livres, les monnaies et les médailles apparaît. Mais il ne se contentera point de les collectionner ; il veut les connaître, les décrire. Dans ce but, il se lie d'amitié avec des savants, entre autres : Gabriel Peignot, le plus laborieux bibliographe du commencement du XIXe siècle, et le numismate Étienne Cartier ; il s'entoure d'ouvrages spéciaux, consulte directement les sources et s'applique surtout à l'archéologie et à l'histoire indispensables pour les études qu'il prépare de longue-main.

(1) La biographie de notre premier président Henri Delmotte fut publiée par notre Compagnie en 1836.

(2) Ed. Picard, *Paradoxe sur l'avocat*, p. 45 (Bruxelles, 1879).

Il commence seulement ses publications en 1836 : la première est la *Notice sur les tombeaux des comtes de Hainaut inhumés dans l'église de Sainte-Waudru à Mons ;* la seconde, ses *Observations et notes sur les recherches historiques de M. Cartier, sur la monnaie au type du cavalier armé :* mais il fallut les pressantes instances de l'auteur des mémoires — qu'il appelle « son maître » — pour le décider à imprimer ses remarques dans « la Revue de numismatique française, de Blois ».

L'année suivante, il donne au « Messager des Sciences et des Arts » les *Observations sur quelques chartres et anciens documents relatifs à l'histoire des monnaies des comtes de Flandre et de Hainaut.* Il signe ces trois articles comme président de notre société. Plus tard (1841), il aide à fonder la Société de numismatique belge, en devient président et directeur zélé (1849), toujours réélu jusqu'au jour où, sa démission ayant été acceptée avec regrets, il fut déchargé de ces fonctions et acclamé Président d'honneur à vie (1885).

Le nombre de ses monographies et comptes-rendus de toute espèce dont il existe des tirés à part, monte au nombre de 183 ; beaucoup d'entre eux, à dater de 1859, portent ce monogramme.

Messieurs Wauters, de Schodt et baron de Chestret de Haneffe (1) ont prononcé l'éloge de l'archéologue, du numis-

(1) Alphonse Wauters, *Discours prononcé au nom de la classe des lettres, aux funérailles de Renier Chalon.* Bulletins de l'académie royale de Belgique,

mate, et ils proclament avec raison que ses travaux sobres, concis, bien ordonnés, éclairent d'un jour nouveau notre histoire nationale et font de la numismatique une science véritable. D'ailleurs, les recherches intitulées : *Les seigneurs de Florennes, les monnaies des comtes de Hainaut* et celles *des comtes de Namur*, devenues classiques, suffiraient seules à établir son incontestable renommée.

Le bibliographe était à la hauteur du numismate ; toujours ses comptes-rendus, ses notices, instruisent et intéressent.

Ecoutez comment il défend les érudits qui décrivent les livres : « On s'en est moqué quand ils attribuaient à leurs compilations une importance exagérée, semblables au maître de danse de Molière, qui faisait de son art le premier des arts et on a eu raison. Mais que la réaction n'aille pas jusqu'à l'injustice. S'il fallait tout peser à la balance utilitaire, je demanderais volontiers s'il est plus profitable de compter les étoiles filantes que d'inventorier les bouquins » (1).

Lisez les commentaires railleurs avec lesquels il décrit les ouvrages bizarres des XVIIe et XVIIIe siècles (2), voyez sous son jour véritable : Messire Hoverland de Beauwelaere, l'ébouriffant auteur de cette colossale et indigeste histoire de Tournay qui compte 102 tomes, divisés en 114 volumes, plus 1 volume de tables et un atlas in folio (3).

3e série, t. XVII, n° 3 (1889) ; ALPHONSE DE SCHODT, *Renier Chalon, biographie numismatique* (Bruxelles 1889) ; baron DE CHESTRET DE HANEFFE, *Notice sur Renier Chalon, membre de l'Académie.* Annuaire de l'académie royale de Belgique (1900).

(1) *Recherches sur les éditions du nouveau testament de Mons*, p. 5 (Bruxelles, 1844.)

(2) *Nugæ difficiles* (Bruxelles 1844) ; *Trois poèmes belges du siècle dernier*, etc.

(3) *Notice bibliographique sur Messire Hoverlant de Beauwelaere*(Bruxelles, 1842).

Mais l'arc ne peut toujours rester tendu sans se briser. Aussi, Chalon se repose-t-il de ses travaux par des écrits fantaisistes où son humour naturel paraît à chaque ligne. « Il a de quoi rire partout et il ne faut pas qu'il se chatouille » (1).

Vers 1830, des belges spirituels comme Guillaume Gensse, notre Henri Delmotte, etc., composaient des thèses abracadabrantes cachant de fines satires sous un aspect cocasse, et leur verve facile, inépuisable, mêlée de folie et de raison, faisait naître le sourire sur les lèvres les plus moroses. Chalon partageait leurs goûts et certes, plus qu'à tout autre, on peut lui appliquer ces vers de Scarron :

Feu Priam qui n'était pas sot,
Outre mille bonnes parties,
Se plaisait fort en facéties (2).

Vers le moment où Delmotte publiait *Le voyage pittoresque et industriel* (3), ingénieuse bluette littéraire et scientifique,

(1) Buchon, *Œuvres de Michel de Montaigne*, p. 220 (Paris 1842).

(2) *Le Virgile travesti en vers burlesques de M. Scarron*, livre VIII, vers 328-330 (Paris, 1726).

(3) (H. Delmotte), *Voyage pittoresque et industriel dans le Paraguay-roux et la Palingénésie australe, par Tridace-Nafé-Théobrome de Kaout' t' chouk, gentilhomme breton, sous-aide à l'établissement des Clyso-Pompes, etc. Au Meschacébé, chez Ylered-Sioyob* (Hoyois-Derely) *Yorks-street, 10, m. d ccc xxx v.* Tiré à 50 exemplaires, dont 1 sur peau de promerops, 2 sur perkaline aurore et 6 sur papier de couleur. L'édition princeps porte : « L'imprimeur n'ayant pu tirer 2 exemplaires sur la même feuille de papier et conséquemment chacun des exemplaires étant unique, aucun d'eux n'a été numéroté ». Une réédition en fut donnée avec la lettre de Charles Nodier, dans *Œuvres facétieuses de Henri Delmotte*, pp. 1-47, (Mons, Em. Hoyois, MD. CCC. XLI).

comme l'appelle Ch. Nodier, paraissait la dissertation d'algèbre suivante : *De la vitesse relative et anaclastique de l'akinésie d'un corps solide en repos, mémoire présenté à l'académie pétrélaionique et bomboraxale (section des sciences exactes) par Hélène Cranir, de Mnos (en Argolide) chev. hon. de l'ordre petotico-maronico-buitrique ; ex-capitaine de cavalerie navale au service de S. M. Othon I*er *; membre de l'Institut royal d'Arcadie, des Académies de Schaerbeek, Ronquières, Estaimbourg, Irchonwelz, etc. etc., des Sociétés d'émulation de Wodecq, Papignies, Morlanwelz, Lambusars, Gerpinnes, Cloodstad, etc., etc. ; associé libre de l'Académie grand-ducale de Wannebecq, de la Société des Antiquaires de Stambruges, etc. ; correspondant de la Société des bibliophiles de Bouffioulx et de celle des chronologistes de Clabostad, etc. ; membre honoraire de l'Académie impériale et coprologique de Tombouctou, des Sociétés trigonométriques de Marchipont, linnéenne de Templeuve et minéralogique de Strépy-Bracqnières ; etc., etc.*

L'introduction, datée de Ronquières, 31 novembre 1834, est un petit chef-d'œuvre. Elle commence en ces termes : « Voici un nouvel anneau à la chaîne indéfinie de la perfectibilité intellectuelle que le marteau créateur de mon génie vient de forger sur l'enclume des Mathématiques. » Puis, l'auteur rappelle la trouvaille à jamais admirable de l'huile de cailloux (1) et la guérison homéopatique du bomborax (2),

(1) G. Gensse, *Aperçu iconoclastique sur les différents procédés employés dans la fabrication de l'huile de cailloux et manière de se servir de cette substance métallurgique dans la guérison des affections cutanées du pibus.* (Bruxelles, 1832.)

(2) G. Gensse, *Recherches sur les causes de l'inflammation du bomborax chez les femmes adultes et considérations générales et sommaires sur la puis-*

cite son invention « nouvel agent rationel et pour ainsi dire métaphysique dont l'action doit remplacer tous les moteurs connus ». Mais il ne désire point s'exposer aux chances coûteuses d'un brevet, non, « il préfère que sa découverte soit dans le procès-verbal de la Société, mieux qualifié pour lui donner l'immortalité, qu'un vulgaire chiffon ministériel ! »

La formule trouvée donne la vitesse d'un corps en repos, puisque le *mouvement* de ce même corps serait exprimé par *le carré de la distance !* (1)

Après cette critique des machines appelées à remplacer tout à fait l'homme, Chalon faisait imprimer à ses frais par Hoyois-Derely, sans date et sans signature : *Instruction donnée aux frères tailleurs des capucins par leurs supérieurs pour placer les poches des religieux de l'ordre.* Mon exemplaire, tiré sur papier vert, est le 25e et dernier ; il porte la mention manuscrite : *sumptibus publicani R. Chalon, 1835.* Cette plaisanterie ne figure dans aucun catalogue des œuvres de notre président, et mérite d'être rééditée.

C'est un essai du genre où Chalon devait se distinguer.

Vous avez sans doute entendu parler de cette société des Agathopèdes, d'allures mystérieuses, que des bons enfants,

sance du traitement homéopathique pour détruire cette maladie, etc.(Bruxelles, F.-A. Lelong, 1834). Ces deux dernières brochures furent réimprimées dans les *Œuvres philosophiques, médicales, posthumes, humanitaires et complètes du docteur Cloetboom* — pseudonyme de Gensse — (Bruxelles, Decq, 1857).

(1) Tirée seulement à 16 exemplaires numérotés à la presse, dont deux sur peau de velin, cette facétie est excessivement rare. — A. D. B. *Causerie à propos de Renier Chalon*. Office de Publicité, dimanche 7 avril 1889. — J. De Le Court, *Essai d'un dictionnaire des ouvrages anonymes et pseudonymes publiés en Belgique au XIXe siècle et principalement depuis 1830*, n° 1026, page 165 (Bruxelles 1866).

tous gens d'esprit, imaginèrent « pour passer des soirées à l'abri des mouchards, du bruit et de la musique » (1).

La « Ménagerie » établie à Bruxelles avait des cages à Mons (2) et Namur ; son blason portait la significative devise : *tout pour un canard*. Sa transcendance le « Pourceau » ainsi se nommait le président, après avoir reçu l'initié soumis à des épreuves extraordinaires, selon le rituel secret du 4 novembre 1846, lui conférait un nom d'animal que choisissait le chapitre (3). Tous honoraient religieusement le « cher ange » chanté par Monselet (4).

Le costume des « voraces » se composait d'un chapeau pointu de basane noire, d'un tabard de toile blanche, avec un hausse-col de maroquin rouge, portant en lettres d'or le nom imposé et sur le dos, le porc gaulois. Un ruban de laine rouge laissait retomber dessus la poitrine, une ou plusieurs écailles d'huitres, selon les grades. Le collier de pourceau, formé de treize écailles, se terminait par un cochon

(1) Article premier des statuts.

(2) Elle s'appelait la cage bleue. Plusieurs de nos collègues en firent partie.

(3) Les journaux du temps relatent l'admission d'Alexandre Dumas père, mais cet écrivain, très prolixe, n'en parle dans aucun de ses ouvrages. Serait-ce à cause du secret qu'il avait juré !

(4) CHARLES MONSELET, *Œuvres complètes, n° VI des sonnets gastronomiques*, p. 92 (Paris, 1889).

d'argent. En l'absence du président, le trône vacant était recouvert de ses insignes (1).

Les Agathopèdes avaient un almanach, cocasse parodie du calendrier républicain. Pour eux, l'ère moderne ou cycle commence le 29 septembre 1846 et l'année se partage en douze mois composés chacun de trente nuits. Les onze premières sont réservées au repos ; la douzième nommée « dodecador » sert au travail de la société. Chaque cycle, le bureau des *platitudes et des éphemorroïdes* calcule et suppute :

1°) La compote Agathopédique,

2°) Le nombre d'os rongés par la ménag :·:

3°) La sottise d'été et la sottise d'hiver,

4°) L'Équivoque du printemps et l'Équivoque de l'automne, calcul auquel se joint celui de la procession des Équivoques,

5°) Les éclisses du soleil et les farces de la lune.

L'annulaire... rapporte les succès éclatants de la brave armée des canards sous la conduite du vaillant général Pichauld, comte de Fortsas ! Vétérinaire de la classe des sciants, le 19 avril 1848, Chalon présente le rapport sur l'ouvrage de Gensse : *Que veut l'Europe !* (2), le résume et propose de décerner à l'auteur « la couronne glandaire que l'ordre des Agath :·: n'accorde qu'à de rares intervalles, à des animaux qui, par des œuvres concassées sous le pilon du néologisme, ont ajouté un nouvel embranchement à la route ardue de la science, en reculant pour longtemps le jalon mobile de l'entendement ».

(1) *Articles additionnels aux institutions agathopédiques, arrêtés le 18 novembre 1846,* signés du président Grondart le pourceau et du secrétaire Goupil le Renard (Chalon), 4 pp. (s. l. n. d.). Le cliché reproduit plus haut se trouve en tête de cette brochure.

(2) Docteur Cloetboom, *Œuvres* citées, pp. 46 à 58 ; Jules De Le Court, *Guillaume Gensse...*, p. 16 du tiré à part (Bruxelles, 1867).

En 1850, devenu rapporteur de la Commission des budgets après avoir été secrétaire, Goupil signe l'état financier du cycle précédent (1).

Mais la ménagerie, non contente de ses ancêtres de l'arche de Noé, désirait de plus nobles ascendants. Chalon se mit à leur recherche. Dans la crainte de se voir découvert s'il écrivait dans la langue française, après sa mystification si habilement combinée du fameux catalogue Fortsas (2), il fit paraître à Berlin, en allemand, sous le pseudonyme du docteur Walraff, le résultat de ses recherches offert au savant docteur Hofman de Fallersleben qui vivait alors. En voici le résumé. L'ordre très ancien possédait encore ses archives depuis 1587 ; formé à Bruxelles par des hommes d'esprit « qui croyaient une sottise de s'étrangler pour des questions métaphysiques », il dut former une société secrète sous Albert et Isabelle et plus tard (1633), sous la direction du prince d'Epinoy et du duc de Bournonville (3), prit une part prépondérante à la conspiration ourdie, entre autres, par ces seigneurs contre le gouvernement espagnol. Chalon ne donne aucun détail — et pour cause —, sur cette participation des Agathopèdes ; il se retranche derrière le secret de l'ordre « auquel doit se soumettre le lecteur ».

Il indique ensuite comme initiés, le 12 mai 1634, Pierre-Paul Rubens ; Voltaire qui, par sa réception dans l'ordre (15 mars 1740), parvint à terminer un procès, lors de son voyage à Bruxelles avec la belle Madame Emilie de Rupelmonde. Puis viennent le Maréchal de Saxe, dont les lettres

(1) *Annulaire Agathopédique et saucial.* Exemplaire n° 230, pp. 13, 14, 52, 63, 89, 92. Bruxelles, A. Labroue, cycle IV (1850).

(2) QUÉRARD, *Les supercheries littéraires dévoilées*, t. II, p. 64 (Paris, 1870).

(3) Sur leur complot : PIRENNE, *Histoire de Belgique*, t. IV, pp. 262-265 (Bruxelles, 1911).

sont conservées dans les archives, Coblentz et presque tous les personnages distingués de l'époque.

A la Révolution française, la ménagerie fut fermée, mais le 29 septembre 1846, Schayes la reconstitua sous le nom de Néo-Agathopèdes.

Walraff donne ensuite trois médailles imaginaires. La première, en argent doré, porte au droit : le signe cabalistique :·: ; au revers, la légende *Vrede en Vryheid* (paix et liberté) et 1585 ; La seconde représente l'ambassadeur des cages d'Allemagne apportant une branche de laurier à la

Ménagerie bruxelloise, revêtue du costume officiel, la tête couverte d'un éteignoir symbole du secret absolu ! La troisième médaille est celle du suff. :·: Louis-Joseph Delevielleuze élu par le concile oecuménique de 1770. Les autres sont en bronze et rappellent les véritables nominations des pourceaux: Schayes, réélu le 22 septembre an II (1848), Gensse (1849), *Martin le singe* (Baron, nommé l'année suivante) et *Firadelle-Léopard* (baron Guillaume) (1), en 1851 (2).

(1) L'un de nos collègues.

(2) Dr Walraff, *Numismatik des ordens der Agathopeden nebst vorangehender kurzer notiz über den ursprung und die geschichte dieser geheimen gesellschaft. Mit zwei lithographirten tafeln*, pp. 8-17 (Berlin, 1853).

Cette notice, mélange d'invraisemblances palpables et de vérité, fut la dernière mystification agath :·:

« L'ardeur se refroidissait, quelques membres moururent, les réunions devinrent plus rares et finirent par cesser complètement (1) ».

Le banquet seul survécut quelques années encore.

Mais poursuivons. En 1851, lors de la fondation de la Société de Sphragistique de Paris, paraissait à Bruxelles une excellente parodie de son programme.

Le 15 juillet, la Société nationale de Boutonistique (2) donnait sous le nom de Bécart, le prospectus spécimen, dans le premier numéro (3) du *Bulletin mensuel*, revêtu du sceau de l'institut.

(1) De Chestret, *Notice* citée, p. 8.

(2) *Recueil de documents et de mémoires relatifs à l'étude spéciale des boutons et fibules de l'antiquité, du moyen âge, des temps modernes et des autres époques ; publiés par la Société nationale de Boutonistique et accompagnés de planches gravées, d'après les monuments originaux. Membres fondateurs et administrateurs de la Société : MM. le R. P. De Knop, membre de la Société archéologique de Lorette, des Académies de Binche et de Maeseyck, etc., président ; Bachecu, professeur au Petit Séminaire de Roulers, vice-président; J.-B. Vanderslagmolen, secrétaire ; le chevalier de Gratouille, secrétaire-adjoint ; Basile Camu, archiviste-trésorier ; R. M. Des Adrets, gérant. Bulletin mensuel. Première année (prospectus). A. Saint-Gilles. On souscrit chez M. R(obert) M(acaire) Des Adrets, membre fondateur, gérant perpétuel, etc., et chez Aug. Decq, à Bruxelles. 1851. Gr. in-8°, 8 pages.*

(3) Le seul qui ait paru.

La Compagnie avait pour but la reconstitution de l'histoire par l'étude des mœurs, des usages et de la civilisation des

peuples anciens et modernes, au moyen d'un album documenté des fibules et monuments boutonistiques — ces merveilles de toute une époque —. Ainsi, par exemple, les énormes boutons de 1787, plats et lourds, évoquaient l'ombre de Vandernoot, de sa grande canne et de sa perruque à queue ; les boutons d'argent de la garde civique montraient évidemment le cens électoral, base de cette institution constitutionnelle. Le premier volume du recueil devait contenir les articles suivants : *Sur un bouton fossile trouvé dans une carrière à chaux près de Tournai et déposé au musée de cette ville*, *Boutonographie babylonnienne*, *Histoire de la Révolution Brabançonne de 1787-1790 étudiée par les boutons et les joyaux patriotiques*, *Description d'une collection unique d'agrafes des manteaux des capucins, vrais chefs-d'œuvre de ciselure*, etc.

Les souscripteurs seuls pouvaient se procurer, au prix de cinq plaquettes, toute la collection de boutons historiques pour fracs et paletots. Vraiment, il ne fallait pas avoir vingt centimes dans sa poche pour ne point se payer cette fantaisie !

La Société faisait également un pressant appel aux savants et amateurs. Le docteur Cloetboom (Guillaume Gensse) prêta seul, pensons-nous, son réel concours à cette facétie. Il adressait, en août 1851, au président le R. P. de Knop, *La physiologie morale du bouton* précédée le mois antérieur, d'un *Mémoire sur un objet de l'espèce en métal fossile* (!) découvert aussi près de Tournai, mais déposé dans la collection du musée de la Porte de Hal (1).

Comme vous le comprenez, les noms de Becart, R. P. de Knop, cachent encore notre président !

Né Wallon, il n'encouragea pas le flamingantisme ; il regrette que des ouvrages intéressant tout le monde soient écrits en cette langue « que personne ne lit ». Aussi, lors de la discussion à propos de l'orthographe flamande (1844), publie-t-il une pétition des Liégeois, des Tournaisiens et des Montois à la Chambre des Représentants :

« Les limites naturelles des peuples, ce ne sont pas les rivières et les montagnes, mais les langues. Entre les flamands et les Hollandais, cette limite consiste, ou consistait à mettre *de* au lieu de *den* et deux *i* au lieu d'un *y*, précieuse et formidable barrière que M. Le Ministre de la Justice a eu l'imprudence de briser par un arrêté *inqualifiable*. Ce que l'honorable M. De Foère a fait pour le *brugeois*, en venant à votre barre dénoncer ce fatal arrêté, nous venons aujourd'hui, nous Liégeois et Wallons, le faire pour nos langues, *ces langues que nous avons* aussi *sucées dès l'enfance, et que nous ne sommes nullement disposés à nous faire arracher.*

(1) Docteur Cloetboom, *Œuvres*, pp. 81-93 et 97-103 ; Jules De Le Court, *Notice biographique et bibliographique sur Guillaume-Marie Gensse* : dans le Bibliophile belge, Bulletin trimestriel publié par la Société des Bibliophiles de Belgique, t. II, pp. 34-56.

« S'il importe, Messieurs, de nous prémunir contre toute envie qu'aurait la Hollande de *regober* les provinces flamandes, à plus forte raison nous avons à craindre pour nous du côté de *notre mère-grand*, la France, qui a la mâchoire bien autrement forte, les dents bien autrement longues, et l'appétit bien plus vorace que cette vieille Néerlande hydropique et cacochyme. Aussi tout bon patriote wallon ou liégeois doit rompre de ce jour avec la langue de Racine et de Voltaire, à peine d'être traité de *factieux* ou *d'intriguant*. Revenons-en, une bonne fois, et dans l'usage ordinaire de la vie et dans les actes du gouvernement, à ce liégeois si pur, dont M. de Chênedollé a, à jamais, fixé les règles dans son immortel *Téate Ligeois*, à ce montois classique dont la traduction des fables de la Fontaine de l'abbé Le Tellier (aussi un abbé), offre un modèle irréprochable.

« Que le gouvernement donne l'exemple en publiant les lois dans nos quarante ou cinquante idiomes locaux qui ont tous des droits égaux à votre sollicitude : déjà vos discussions peuvent en cela servir de modèle.

« Nous comptons, Messieurs, et sur l'appui de l'honorable M. de Foëre et sur celui du vénérable M. Verhaegen. Ils s'empresseront, sans doute, tous les deux, de saisir l'occasion précieuse (que nous leur offrons de bien bon cœur), celle de... *faire aller leur langue*. (1) »

Très curieuse et très rare est aussi la proclamation affichée sur les murs de Bruxelles (1851). Afin de conserver les vieux principes et les mœurs antiques, l'auteur propose d'élire seuls des citoyens essentiellement conservateurs.

(1) 2 pp. in 4°, papier à lettre (s. l. n. d.). M. Alphonse Gosseries, directeur des contributions directes, douanes et accises à Mons, nous a communiqué l'exemplaire adressé à l'archiviste Polain, de Liège ; il porte le timbre de la poste : Bruxelles, 22 Février 1844.

« Nommons!!! *A la Chambre des Représentants* : MM. D.-C.-D. Schayes, conservateur de la Porte de Hal et des objets qui la renferment ; L.-V.-O. Suys, conservateur des monuments et de la grille du Parc ; P.-I.-É. Higuet, conservateur des hypothèques ; D.-P.-C. Van Hasselt, conservateur de ses œuvres complètes et inspecteur de l'instruction primevère ; K.-C. Marchal, chevalier, conservateur de Bourgogne ; A.-T. Jobard, conservateur des marques de fabrique et autres machines gouvernementales ; E.-B.-T. Namur, conservateur des ana à la bibliothèque royale ; O.-Q.-P. Goethals, conservateur et restaurateur des titres de noblesse ; G.-A.-C. de Gachard, conservateur des archives et vieux parchemins de l'État.

« *Au Sénat conservateur :* Messire Robyns, conservateur émérite de sa propre collection.

« N. B. Lundi 10 Juin, à dix heures du matin, réunion préparatoire des électeurs conservateurs au Conservatoire. (1) »

N'oubliez pas de prononcer d'abord les initiales, pour savourer la drôlerie du document !

Deux autres écrits de cette espèce (2) nous mèneraient trop loin.

Mais avant de clore cet aperçu du genre facétieux dans notre pays, permettez-moi de citer la péroraison du discours prononcé à l'Académie d'archéologie de Belgique, le 11 janvier

(1) Placard sorti des presses de Labroue (s. l. n. d). Notre collègue M. Hublard en possède un exemplaire dans sa collection privée.

(2) Comte de Fortsas, *Petite épître numismatique à M. Louis de Coster*, (Bruxelles 1843) tirée à 15 ex. numérotés à la presse et Prospectus d'une *Monographie* des couques de Dinant d'après les *moules* conservés depuis le XIIe siècle jusqu'à nos jours par M. le Baron C.-P. De Vorst, archéologue à Bruxelles (Gobbaerts 1873).

1874, et dans laquelle notre écrivain se classe aussi parmi les meilleurs humoristes du siècle dernier. « Et maintenant, puisque nous en sommes à parler d'architecture, permettez-moi de vous soumettre quelques observations que, à première vue, vous prendrez peut être pour des plaisanteries paradoxales, mais que vous ne tarderez pas à considérer comme très sérieuses : je veux parler de la marche parallèle qu'ont suivie de tout temps le costume des dames et les décorations architecturales. Je vous vois sourire, mais daignez m'écouter.

« Pour ne pas abuser de votre temps, je ne remonterai ni aux Grecs, ni aux Romains, je partirai du milieu du siècle dernier, du règne de la Pompadour. Voyez les robes des dames d'alors, leurs énormes jupons soutenus par d'énormes paniers, dits vertugadins. Ces robes fanfreluchées, garnies ou plutôt couvertes de falbalas, de nœuds, de rubans plissés, tortillés de toutes les manières, n'est-ce pas là le style décoratif de l'architecture de l'époque, les volutes, les chicorées, les fouillis de toute espèce dont on surchargeait (je ne dis pas dont on décorait) les meubles comme les édifices, le style si bien nommé *roccoco*.

« Marie-Antoinette vint ensuite. Cette reine, jeune et belle, comprit aisément que la femme n'avait rien à gagner à déguiser ses formes naturelles sous un fatras ridicule de prétendus ornements. Elle simplifia les modes, fit disparaître les paniers et la surcharge des garnitures. En même temps, naissait en architecture, le style dit de Louis XVI, qui repoussait également les colifichets, style charmant auquel le temps a manqué pour un développement complet.

« La révolution simplifia jusqu'à la dernière limite du possible le vêtement des dames. On dut même croire un moment que, si n'était la rigueur du climat, il eût disparu tout à fait.

Que font alors les architectes ? Les maisons ne sont plus que des murs nus, comme les dames, et percées d'ouvertures en guise de fenêtres, sans seuils, sans moulures, sans encadrements.

« Sous l'Empire, les femmes portent des fourreaux étroits, à la taille courte sous les bras, relevant les seins jusqu'au menton. Voyez la colonne Vendôme avec son court chapiteau, n'est-ce pas vraiment le profil de Marie-Louise ?

« Quand vint plus tard, la crinoline, qui donnait aux femmes la forme triangulaire et peu gracieuse des pyramides d'Egypte, on vit aussitôt cette forme pyramidale appliquée à tout. Des candélabres, qui n'avaient à supporter qu'une lanterne légère, eurent des bases de plus d'un mètre carré de superficie.

« Vers la même époque, les femmes enfermaient leur chevelure, ou ce qui était censé l'être, dans des réseaux ou des espèces de sacs retombant de la nuque en saillie énorme sur le dos. C'est alors qu'on vit les façades des maisons se couvrir de corniches monstrueuses et qui semblaient menacer les passants d'une avalanche de pierres.

« Venons enfin au temps actuel. Le temps présent est, dit-on, comme l'arche du Seigneur ; malheur à qui y touche ! Je me risque cependant.

« Voyons, à Bruxelles, la rue nouvelle qui recouvre la Senne et à laquelle on a donné, nous ne savons trop pourquoi, le nom de *boulevard*. Cette rue se borde de maisons où le baroque le dispute à l'absurde. C'est un entassement, un fouillis de balcons, de niches, d'échauguettes, d'excroissances de pierres, de toutes les difformités imaginables. Cela n'est-il pas évidemment imité des tuniques actuelles de nos élégantes, drapées, retroussées, empaquetées de mille manières ?

« Puis, ces maisons énormes sont perchées sur de minces colonnettes de fer, tout comme les dames du grand et du petit monde sur leurs talons-échasses.

« Et ce n'est pas encore là que s'arrête la ressemblance. Plusieurs de ces maisons sont coiffées de chignons énormes, toujours comme les dames, tortillés, crêpés (nous allions dire mal peignés) et recouverts de quelque toit baroque en forme de chapeau Rabagas (1). »

Vous venez d'observer dans le bibliographe et l'auteur facétieux l'originalité personnelle de pensées et d'expressions du numismate (2).

Sous ce triple aspect, Chalon est l'un des meilleurs écrivains belges du siècle dernier.

Son tempérament jovial avait forgé, plusieurs années auparavant, la mystification scientifique citée plus haut.

Le 10 juillet 1840, nos collègues et d'autres amateurs recevaient par la poste, sous bande, le « *Catalogue* (3) *d'une très riche, mais peu nombreuse collection de livres provenant de la bibliothèque de feu Mr le comte* J.-N.-A. DE FORTSAS, *dont*

(1) *Bulletin de l'Académie d'archéologie de Belgique*, t. I, pp. 773-775 (Anvers, 1874).

(2) DE CHESTRET, *Notice* citée p. 13 ; Alph. DE SCHOODT, *Biographie* citée, pp. 10-13.

(3) Réimprimé : 1°) à Paris, chez Guiraudet et Jouaust (1848) 30 exemplaires ; 2°) à Bruxelles, chez Sacré (1856) ; 3°) BRUNET, *Catalogue de la Bibliothèque de Saint-Victor au XVIe siècle*, suivi d'un *Essai sur les bibliothèques imaginaires* (Paris, 1862) ; 4°) à Lyon, chez Louis Perrin, pour G.-A, Van Tright de Bruxelles (1863), à 200 exemplaires. Cette réimpression, consentie par l'auteur, compte seule comme 2e édition ; 5°) en partie par HOYOIS, *Documents et particularités sur le catalogue de Fortsas* (mars 1857), mais contrairement à la volonté de Chalon. — JULES DE LE COURT, *Essai d'un dictionnaire d'ouvrages anonymes et pseudonymes* (Bruxelles, 1866) ; NISIAR, *Intermédiaire des chercheurs et curieux*, t. LXV, col. 618 et 619 (Paris, 1912).

la vente se fera à Binche, le 10 Août 1840, à onze heures du matin en l'étude et par le ministère de Me Mourlon, Notaire, rue de l'Église, no 9 (1).

D'après le très suggestif liminaire, le comte admettait seuls les ouvrages inconnus de tous les bibliophiles. Un rarissime volume était-il signalé ? Aussitôt il l'expulsait de ses rayons, le vendait, le donnait ou « chose incroyable, si l'on ne savait jusqu'où peut aller la passion des collectionneurs exclusifs, il le détruisait... »

Une brève biographie de cet original terminait cet alléchant exposé. « Jean-Népomucène-Auguste Pichauld, comte de Fortsas, né le 24 octobre 1770 à son château de Fortsas près de Binche, en Hainaut, est décédé au lieu même de sa naissance et dans la chambre où il avait reçu le jour soixante-neuf ans auparavant, le 1er septembre 1839. Tout entier à ses

(1) L'imprimeur Hoyois avait fourni 132 exemplaires dont 2 sur peau de velin, 10 sur papier de couleur, 120 sur papier blanc. Em. Hoyois, *Documents et particularités historiques sur le catalogue du comte de Fortsas*, p. 6 (Mons, 1857).

livres, il avait vu (ou plutôt il n'avait pas vu) passer trente années de révolution et de guerres sans se déranger un instant de son occupation favorite, sans sortir en quelque sorte de son sanctuaire. C'est pour lui qu'on aurait dû imaginer la devise : *Vitam impendere libris.* »

Ce catalogue indiquait par sa division même, les lacunes attribuées aux livres dont le propriétaire s'était défait ; et il contenait dans une suite de numéros 3-222, cinquante-deux ouvrages de tout premier ordre, magnifiquement reliés, la plupart de vrais trésors !

Des annotations insidieuses, des commentaires les plus vraisemblables, allèchaient traîtreusement les amateurs, dont on était parvenu à connaître les désirs.

Plusieurs de nos membres étaient particulièrement visés. Ainsi Baron (1) écrivait un article sur l'occupation de Mons au XVIe siècle, il devait chercher à tout prix le n° 9 :

> *Relation véritable de la surprise de la ville de Montz en Haynaut par le conte* (sic) Loïs DE NASSAU, sans lieu, ni date, petit in 4°, 15 feuillets non cotés, maroquin vert, dentelles, tr. dor.
>
> Petite pièce très-curieuse et contenant des particularités tout-à-fait inconnues sur cet épisode de notre révolution du 15e siècle (2).

Delepierre (3), archiviste de la ville de Bruges, désirait avec passion le n° 11 :

> *Histoire des antiquités et prérogatives de la ville de Bruges, contenant un grand nombre de chartres et documents inédits des plus curieux par l'abbé Moussi, prédicateur de S. A. R.* Bruxelles, Ermens 1767, in 4° de 722 p.

(1) Reçu membre le 28 octobre 1839.

(2) Ainsi dans le catalogue.

(3) Reçu membre le 29 mars 1837.

Le travail du professeur SERRURE (1) « *La seigneurie de Rummen et ses monnaies* » n'allait-il pas trouver des éléments nouveaux dans le n° 23 :

Assiette et description de la terre et seigneurie de Rummen. Ensemble la lignée et descendance des seigneurs d'icelle terre, par Dom CORNÉLIUS VAN SCHEEPDAEL ; Maestricht, Jean Nypels, 1615, petit in 12, 88 p., et deux planches représentant les monnaies de Rummen ; très riche reliure ancienne en satin cramoisi, aux armes de Rummen, brodées en soie et or.

Un membre du Conseil héraldique, Théodore De Jonghe, notre collègue, le 1er juillet 1840, recevait ce don de joyeuse entrée sous le n° 31 :

Points douteux et contestables dans les généalogies et descendances des principales familles des Pays-Bas (par de AZEVEDO), sans lieu, ni date, in f°, 88 p., demi rel.

Et Adolphe Mathieu, connu par ses vers acerbes, qui, le 14 juillet 1836, prenant à partie tous les conseillers sortants, avec une acrimonie franche mais hardie, terminait ainsi son libelle contre ses concitoyens :

J'avais hâte de voir sur le seuil du tombeau
Ce corps municipal qu'on me peignait si beau ;
Implacable, mais juste, ennemi du mystère,
De vos gestes et faits j'ai dressé l'inventaire ;
Rien ne me retient plus à présent dans ce lieu...
J'ai dit, je sors sans crainte et je signe

MATHIEU (1).

(1) Reçu membre le 9 septembre 1836.

(2) *Elections municipales. A notre bonne mère, la régence de la ville de Mons. Elections municipales, 14 juillet 1836*, p. 19. (En vente, à Mons, chez tous les libraires.)

Se reconnut-il dans ce portrait buriné de main de maître !

N° 35. *Poésies de carême*, (du sieur Poisson), à la Trappe, chez Lafriture (Mons, Henri Bottin) 1779, in-12 de 264 pp. Volume inachevé, demi reliure, dos et coins de maroquin bleu.

Par François-Auguste Poisson, dit *le poète*, né à Mons, en 1725, et mort dans la même ville, en 1788. Le genre favori de ce poète était la *satire* et l'*épigramme* dont, trop souvent, la méchanceté faisait tout le sel. Non content d'avoir colporté et lu de tous côtés ses manuscrits, Poisson, tout comme un autre, voulut se voir imprimé tout vif. Par malheur pour sa gloire, le *Conseil eut avis* de cette édition clandestine ; et, *comme quelques perruques de ce respectable corps étaient assez maltraitées dans ses rimes, on fit saisir le livre avant qu'il eût vu le jour*. Mon exemplaire, seul échappé à la brûlure générale, provient des héritiers de l'auteur.

En 1837, notre président éditait *La Chronique du bon chevalier messire Gilles de Chin*, d'après un manuscrit de la bibliothèque de Bourgogne et voici le livre imprimé !

N° 52. *Hystoire très plaisante et récréative du noble chevalier, le gentil seigneur Gil de Chin, lequel fist moult grand proeces oultre mer*. On les vend à Paris en la grande salle du palais, au premier pillier, en la boutique de Gailliot Dupre, marchand libraire de Luniversité de Paris. MDXXVI, petit in f°., goth., à 2 col. 54 feuillets ; veau brun.

A Frédéric Hennebert, archiviste et professeur à l'Athénée royal de Tournai, le n° 55 :

Brouet confortatif pour les âmes faibles en dévocion ; ensemble un bref discours en forme de consolacion touchant les misères de ce temps, par Charles DE HAININ, licencié es droits. A Tournai, chez Adrien Quinquet, MDCXXXI, in 12, 134 pp. maroquin vert, dor. s. tr. (*Thouvenin*).

A Dinaux : *La fauvette virginale, laquelle chante les divines perfections de la Sainte Vierge Marie, Mère de Dieu*, par le père Eustache, capucin. A Valenciennes, de l'imprimerie de Jan Vervliet, à la bible d'or, l'an MDCXXV, in 8°, 274 pp. reliure ancienne très-élégante en maroquin rouge, aux armes de Lalaing.

Avec musique dans le genre de la *Pieuse allouette*, de la *Philomène Séraphique* et des *Rossignols ligués en duos*. (N° 71.)

Et ce fameux volume 158 :

Promptuarium antiquitatum Trevirensium. Accedit disquisitio de ecclesiæ et episcoporum in civitatem juribus, auctore Willelmo comite ab Reiffenberg. Sumptibus auctoris è typog. Bernhardi Vongrasdoff. Herbipoli, MDXXXXIX. In-4° de 695 pp., figures ; reliure de velours bleu, avec coins et fermoirs d'argent.

« Où diable avez-vous vu cela ? Ce comte se trouve dans ma généalogie ; il fut chanoine à Trèves » disait à Chalon, le baron de Reiffenberg (1).

Ce dernier venait de donner à l'Académie royale une réédition des mémoires des comtes de Louvain, par le curé Ernst ; une très vive polémique avait eu lieu entre lui et Lavalleye de Liége, à ce sujet et une nouvelle édition de surgir sous le n° 117 :

Mémoire sur les comtes de Louvain, par ERNST. A Hambourg, 1797, in-8°, 37 pp., broché.

Exemplaire d'épreuves avec des corrections nombreuses à la main.

(1) Lettres de Chalon à Hennebert, retrouvées par M. Paul Bergmans, sous le n° 1281 des manuscrits de la Bibliothèque de l'université de Gand. Voir, à la fin de cette biographie, le n° 3.

Vande Weyer, avec une diplomatie consommée, chargeait son secrétaire de légation à Londres, de commissionner Hoyois, avec ordre d'acquérir de nombreux numéros ; il n'avait pas fixé de prix, *car il désirait être le dernier enchérisseur.*

L'archiviste de l'État, à Liége, Polain, à propos de débats imprimés sur Laruelle, recherchait avec la plus grande impatience un ouvrage dont il prétendait posséder un exemplaire défectueux et qui se trouvait complet sous le n° 172 :

> *Mémoires de l'abbé D. M. R. D. F. A. L. de Mouson, résident de France, à Liége.* A Reims, chez Macé, imprim. juré. 1645, in-12 en deux parties de 115 et 210 pages, figures ; reliure ancienne de maroquin rouge avec armes de Colbert.
>
> Ce volume est orné des portraits de De Mouson, de Laruelle et de Warfusée, gravés par Jean Valdor, d'un fini admirable.
>
> M. W. m'ayant dit que M. Polain, de Liége possédait un exemplaire des mémoires de De Mouson, je suis allé de suite (janvier 1832) vérifier par moi-même l'existence de ce second exemplaire. Je puis certifier que M. Polain n'a de ces mémoires que la première partie de 115 pages. Je conserve donc mon exemplaire UNIQUE.

Or, tout était imaginaire, y compris naturellement la première partie. « Comment diable, avons-nous pu faire croire à Polain qu'il la possédait, quand le livre n'existe pas ! expliquez cela si vous pouvez. » (1)

Avec quelle passion cet archiviste désirait aussi le n° 75 :

> *Corpus juris civilis, cum notis Gothofredi.* Amstelodami, apud Elzevirios, MDCLXIII, in f°. EXEMPLAIRE

(1) Lettres de Chalon à Hennebert, n° 3.

UNIQUE imprimé sur peau et divisé en 4 volumes, avec des titres imprimés exprès. Magnifique reliure de maroquin rouge à compartiments, aux armes des États de Hollande.

Écoutez la description alléchante :

> Sur la garde du premier volume, une note en hollandais signée D. Elzevier, nous apprend que cet exemplaire, le seul imprimé sur peau, a été confectionné pour les États de Hollande et à leurs frais. L'exécution de cet ouvrage est admirable ; et c'est peut-être le plus beau livre qui existe. Je l'ai acheté le 19 février 1802 d'un Juif d'Amsterdam, pour la modique somme de 2000 florins ; mon ami, sir Richard Hébert, m'en a plusieurs fois offert mille livres sterlings.

Polain offrait de ce livre admirable 500 frs., et l'avocat Augustin Clavon, proche parent de notre vice-président actuel M. Ernest Matthieu, — 600 frs. ! (1) Un libraire bornait ses désirs à contempler seulement ce *Corpus juris* unique.

Le bibliothécaire de la ville de Gand Voisin (2), un ami de Chalon, lui écrivait le 18 juillet pour demander des renseignements sur les impressions de Belœil et il terminait : « que dites-vous de la vente des livres de M. de Fortsas de Binche. Je viens d'en lire le catalogue, et j'en suis encore tout étourdi ! quelle richesse grand Dieu ! et bienheureux ceux qui en rapporteront deux ou trois bijoux » (3).

Voisin avait écrit les *Souvenirs de la Bibliothèque des princes de Ligne* (4) ; un nouveau volume paraissait sous le n° 48 :

(1) E. HOYOIS, *Documents*, p. 139.

(2) Ce savant n'était point des nôtres.

(3) E. HOYOIS, *Documents*, p. 119.

(4) VOISIN, *Souvenirs de la Bibliothèque des princes de Ligne à Bel-Œil. 2e édition plus ample et publiée avant la première.* (Gand, 1839).

Mes campagnes aux Pays-Bas, avec la liste, jour pour jour, des forteresses que j'ai enlevées à l'arme blanche.

Imprimé par moi seul, pour moi seul, à un seul exemplaire, et pour cause.

A B., de l'imprimerie du P. Ch. De —

Sans année, in 8°, 202 p. relié en chagrin vert avec fermoir à clef, d'argent doré.

Catalogue plus que curieux des bonnes fortunes du prince. Le maréchal de Richelieu lui avait sans doute donné l'idée de ce singulier inventaire.

L'alarme était donnée en même temps dans la noble famille. La princesse de Ligne écrivait au bibliothécaire de Gand : « achetez, je vous en conjure à tout prix, les sottises de notre polisson de grand-père » (1).

D'autres amateurs, étrangers à notre société, furent également atteints. Van Hasselt, lauréat de la Société des Sciences, des Arts et des Lettres du Hainaut, (2) aurait omis deux écrivains cités aux articles 46 et 64 !

N° 46. *Les géorgiques du cygne mantouan, translatées du latin virgilian et réduit en ryme françoise. Ensemble un discours non moins récréatif à qui Tiltre est, Le Malvoisin,* par Libert Houthem, lîgeois, A Mons en Haynau, chez Rutgher Velpius, 1580, in 8°, VII 128 p.

Encore un oublié par M. Van Hasselt. Houthem est connu par d'autres ouvrages.

(1) QUÉRARD, *Les supercheries littéraires dévoilées*, t. II, p. 64 (Paris, 1870).

(2) « Mémoire sur les poètes hennuyers et tournaisiens des XIIe, XIIIe, XIVe, XVe et XVIe siècles. » Médaille d'or au concours de 1838. *Société des Sciences, des Arts et des Lettres du Hainaut — 5e Anniversaire de la fondation de la Société*, pp. 30, 46-94.

N° 64. *L'Estériade, poeme desdié à Son Alteze Monseignevr Alexandre Farneze govuernevr et cappitaine-general des Païs-Bas, par son tres humble servant François Brassart, poete lavreât.* A Mons en Haynau, chez Rutgher Velpius, 1584, petit in 8°., 220 p., mar. rouge doré s. tr., aux armes de Farnèse.

Dans les *Fleurs morales de Jean Bosquet, Montois, à Mons, chez Charles Michel, 1587*, il se trouve une ode adressée par l'auteur au Seigneur François Brassart ; en voici un passage où il est question de notre poëme :

Ronsard, défie le temps
Par sa grave Franciade ;
Et tu surmont'ras les ans
Par ta docte Estériade ;
Et mille poëmes beâux
Malgré du temps les assaux.

Hélas, vaine prédiction de son confrère en poésie ; l'auteur de l'Estériade, le *Ronsard belgien* n'est pas même cité dans le mémoire du Hugo belge, de l'auteur des *Primevères*. O vanité de la gloire !

Le bibliophile Kétèle eut l'attention tendue vers le n° 79 :

Vijf bouken Boecij, de consolatione philosophie. A la fin : Gheprent Taudenaerde, bij Arend de Keysere de vijfden dach juli MCCCCLXXVII, petit in 4°. sans chiffres ni réclame, de 205 feuillets.

Il fit exprès en diligence, par des chaleurs caniculaires, le voyage d'Audenarde à Binche (1) !

Et le n° 142 :

Causes qui doivent infailliblement amener la dissolution du Royaume des Pays-Bas tel que l'on fait les

(1) De Reiffenberg, *Annuaire* cité, 1841, p. 274 ; Hoyois, *Documents*, p. 186.

traités de 1814 et 1815. Tournai, Casterman 1829, in 8°, 89 pp., maroquin rouge, non rogné.

Cette brochure, tirée à 2000 exemplaires allait paraître, lorsque l'auteur ayant *fait sa paix* avec le gouvernement hollandais, la fit ENTIÈREMENT supprimer. Un ami m'a trouvé cet exemplaire, et jusqu'à ce jour (janvier 1835), je le considère comme UNIQUE.

Le baron de Gerlache venait d'écrire l'ouvrage : *Histoire du Royaume des Pays-Bas depuis 1814 jusqu'en 1830*... (2 vol., Bruxelles, 1839). Chargea-t-il Castiau de rechercher la précieuse plaquette ? Je ne sais, mais ce libraire se rendit chez Josué Casterman, frère de l'imprimeur du N° 142, qui prétendit en posséder cinquante exemplaires ! Longtemps, on bouleversa de fond en comble le magasin : les recherches furent inutiles. (1)

Enfin le docte Willems, occupé depuis des années à des recherches ardues sur les vieilles chansons flamandes (2), n'allait-il point trouver des documents inédits sous le n° 197 ?

Specimens of early flemish songs of the fourteenth century, to which is prefixed an historical introduction. By Georg. Ellis, Esq. Lond. 1809. In 8°, page 1 à 138, sans titre, avec dix planches de musique, cartonné en percaline lustrée.

L'impression de ce volume n'a jamais été achevée. L'auteur dit dans la préface que, lors d'un voyage en Hollande, il fit la connaissance de Van Wyn et de Clignett, qui attirèrent son attention sur l'ancienne littérature flamande. De retour en Angleterre, il recueillit soigneusement nos vieilles chansons, et voulut en faire paraître un volume avec la musique notée. Mais s'étant aperçu qu'il ne possédait pas assez bien le flamand ancien, et que, par suite, le texte qu'il donnait était extrêmement fautif, il fit détruire *tous* les exemplaires.

(1) De Reiffenberg, *Bulletin du bibliophile belge*, 1845, t. 1, p. 166 ; Hoyois, *Documents* pp. 163 et 164.

(2) Willems, *Oude vlaemsche liederen, ten deele melodïen* (Gent, 1846-1847).

Les autres titres allaient droit à des savants de notre pays et de l'étranger... Bref, tous les ouvrages de ce catalogue devaient être disputés chaudement aux enchères....., si certains bibliophiles aux yeux d'Argus, n'avaient découvert le piège. Dès le 30 juillet, Hennebert l'a deviné : il en accuse Chalon, qui avoue (1).

Le 6 août, Voisin flaire une mystification « du reste fort spirituelle et fort savante » (2). Techener, le plus grand docteur-ès-livres de l'époque, soupçonne Hoyois. « N'y êtes-vous pas pour quelque chose ! Nodier dit oui, d'autres non... Les livres sont toutefois *de toute rareté*, ce qui me fait désirer la plupart » (3).

Entretemps, Hoyois chargé de recevoir les offres, voyait arriver chez lui, lettres sur lettres du pays et de l'étranger : commandes nombreuses..., prix énormes ! Le baron de Reiffenberg, conservateur en chef de la Bibliothèque royale avait obtenu du Gouvernement un subside de 1700 francs, à l'effet d'enlever aux étrangers les plus précieux bijoux de la merveilleuse collection !

Malheureusement, J.-B. Castiaux, libraire-bouquiniste à Lille, et d'autres, se rendirent à Binche et ne trouvèrent ni la demeure de Me Mourlon, ni le château du comte (4).

Nos collègues Lacroix et de Chênedollé revenaient déçus. Techener, Nodier, Merlin, Leglay, le bibliophile Jacob, les bibliophiles français, marquis de Château-Giron en tête, tout le club de *Roxburgh* et la *Camden-sociéty* conduite en masse par Sir Phillips de Middlehill assisteraient à

(1) *Lettres* citées, n° 1.
(2) Hoyois, *Documents*, p. 138.
(3) Hoyois, *Documents*, p. 142.
(4) Hoyois, *Documents*. pp. 109, 164-166.

la vente (1). Il était temps d'arrêter la mystification. Notre président mandait le 5 août à Hennebert : « Je vais faire annoncer que la vente n'aura pas lieu, la ville de Binche ayant acheté toute la collection pour sa bibliothèque publique ! Il faut bien finir d'une manière honnête une plaisanterie qui va plus loin qu'on ne voudrait. Quel beau congrès mystificable ça ferait. — Cependant, c'est dommage ! » (2)

Aussi l'avis en ce sens (3) parvenait aux principaux amateurs, le 8 août et, à cette date, était inséré dans le journal *La Gazette de Mons* (4). « La prudence l'exigeait pour ne pas faire dégénérer en mauvaise plaisanterie, une farce qui a le mérite d'être gaie, sans fiel et sans méchanceté » (5).

Cependant le contre-ordre était tardif, plusieurs avaient fait le voyage et furieux, menaçaient de procéder ; mais comme les rieurs n'étaient pas de leur côté, l'affaire en resta là.

Les mystifiés, gens d'esprit, ne se fâchèrent point. Polain, le premier, dans un spirituel feuilleton du journal *Le politique*, de Liége, signé le 10 août, indique à ses compatriotes bibliophiles, quelques-uns des prix auxquels les livres furent adjugés et désigne l'auteur du catalogue : Chalon à l'esprit caustique et railleur (6).

Le savant Willems trouva mieux encore. Au mois d'octobre,

(1) De Reiffenberg, *Annuaire* cité, 1841, p. 274.

(2) *Lettres* citées, n° 2.

(3) Tiré à 73 exemplaires dont 1 sur parchemin, 12 sur papier de couleur, 60 sur papier blanc. Hoyois, *Documents*, p. 6.

(4) N° 95, sous la date du samedi 8 août 1840, p. 379, avis n° 547. Bibliothèque publique de Mons.

(5) *Lettres* citées, n° 3.

(6) Hoyois, *Documents*, pp. 174-179.

à la fin d'un dîner auquel assistait de Reiffenberg, les convives trouvèrent un joli volume en maroquin rouge accompagné de deux feuillets de couleur jaune ; sur l'un se trouvait : *Œuvres du Comte de Fortsas, avec figures*, sur l'autre : *A gober...* Le livre était une boîte remplie de bonbons ! Ce qui faisait dire à de Reiffenberg : « Consolons-nous, conservons précieusement le catalogue de M. de Fortsas ; il est à lui seul *une jolie friandise de bibliophile ;* heureux, trois fois heureux le possesseur d'un des cinq (1) exemplaires tirés sur papier de couleur » (2).

Augustin Thiéry prépare une seconde série des « *Grandes mystifications littéraires* ». Dans le supplément du Journal *Le Figaro* portant la date du samedi 30 septembre 1911, il donne la primeur du n° XIII : LA PRODIGIEUSE BIBLIOTHÈQUE DU COMTE DE FORTSAS.

Après avoir cité avec éloges notre récent bulletin, il dessine le portrait de notre président. « Au moral c'était un homme affable et de relations faciles ; volontiers ironique pourtant dans ses propos, l'air à la fois bénin et mordant, synthétisant en somme assez bien le caractère wallon, plus proche qu'on ne le croit de l'esprit méridional par sa gaîté, son caractère entraînant, son amour de la plaisanterie un peu grasse d'allure et qui dissimule toujours une malice aiguisée.

« L'ingénieux artisan de cette pipée colossale — le catalogue Fortsas — l'avait préparée avec une science consommée, dou-

(1) Ces exemplaires de couleur furent tirés au nombre de 10. J'en conserve précieusement un avec avis. Mon père, Camille Wins y avait ajouté des notes qui m'ont permis de retrouver les désirs de quelques collègues. Voir à ce sujet : *Lettres* citées, n° 2.

(2) Baron DE REIFFENBERG, *Annuaire* cité, 1841, p. 275 et note.

blée d'une connaissance parfaite des goûts et des caractères de ceux qu'il voulait prendre dans ses gluaux. Il savait leur marotte, le fort et faible de leurs passions, avait cuisiné de longue date son canard bibliographique » (1).

Cette *personnification charge du bibliofou* (2), les autres facéties, furent un repos nécessaire aux travaux continus de Chalon. Ses relations étendues avec les savants du pays et de l'étranger, ses ouvrages spéciaux de numismatique (3), sa bibliothèque remarquable par des estampes originales, des éditions rares et tous les ouvrages relatifs à

(1) Il eut la vie longue ! Quarante six ans après, le 15 juin 1876, une joyeuse société étrangère, dite *Faculté des abrutis*, offrit une médaille décorative frappée, dorée et munie d'encadrement à « M. le comte de Fortsas. » Ce dernier survit toujours, et certes ses mânes ont tressailli d'aise lorsque *L'Athenaeum* du 6 Mai 1905, après l'élogieux compte-rendu de l'ouvrage de M. W. P. Courtney, *A Register of national Bibliography*, apprécie ainsi la méthode suivie : « Dans le plan général de son œuvre, l'auteur adopte le principe de cet éminent bibliophile, le comte de Fortsas, qui inscrivait ses livres pêle-mêle, et sans suivre aucun système. »

En 1906, lors des fêtes de Rembrandt, MM. Hofstede de Groot et W. Martin, conservateur au Musée de La Haye, donnèrent sous le pseudonyme de C. Visser, un sensationnel supplément des *Urkunden über Rembrandt*, avec textes et fac-similés. Or, c'était une facétie combinée avec tant d'art et d'humour que les fervents du célèbre peintre y furent pris, comme en 1840, les bibliophiles à la mystification de notre président. De Schoodt, *Bibliographie* citée, pp. 11 et 12 ; O. G., (Grojean), *Fortsas redivivus* : Revue des bibliothèques et archives de Belgique, t. III, p. 258, n° 15 ; *Une mystification bibliographique*, même revue, t. IV, p. 329, n° 32.

(2) *Lettres* citées, n° 3.

(3) Au nombre de 1251 numéros. Voir *Bibliothèque numismatique dont la vente aura lieu les 18, 19, 20 et 21 novembre 1889, Salle de ventes Larcier*... (Bruxelles, 1889).

ses chères études (1), formaient principalement les sources de ses publications.

La plupart de ses livres contiennent un bel ex-libris, imitation de monnaies hennuyères des XIIIe et XIVe siècles : au droit, le monogramme dans un épycicloïde à quatre lobes ; au revers : la croix anglée de quatre croissants (2).

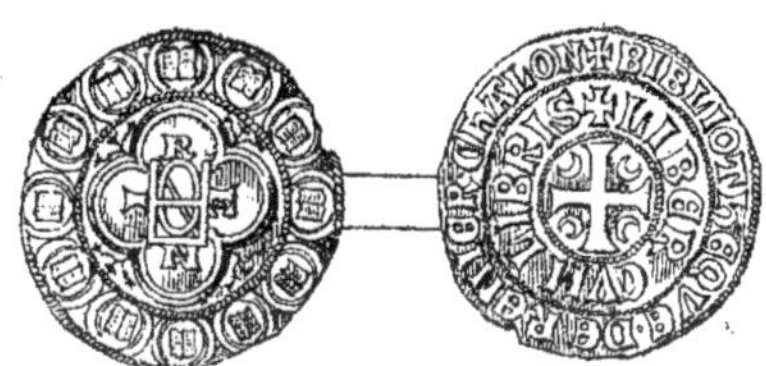

Comment après avoir cité les œuvres facétieuses et humoristiques de notre président, ne point parler de son caractère jovial, caustique vis-à-vis de ceux qui veulent se « crester de leur savoir », comme il le disait lui-même ; et alors il était redoutable (3). Des savants d'humeur chagrine, — ne s'en rencontre-t-il pas ! — trouvaient ses sarcasmes déplacés ; les autres, presque tous, lui pardonnaient : il y mettait tant d'esprit ! Félix Bovie le rappelle heureusement :

Il salerait un camarade
Et rirait de sa Chalonnade
Tout en lui faisant observer
Que c'est pour mieux le conserver (4).

(1) *Catalogue des livres rares et curieux composant la bibliothèque de feu M. Renier Chalon* — 2445 numéros vendus les 20 octobre et jours suivants (Bruxelles, Deman, 1890).

(2) Renier Chalon, *Recherches sur les monnaies des comtes de Hainaut*, pp. 26, 27, 39 (Bruxelles, 1848) et p. LXIII du *Deuxième supplément* (Bruxelles, 1851).

(3) H(enri) S(chuermans), *Renier Chalon* : Bulletin des Commissions royales d'art et d'archéologie, XXIXe année, pp. 14-24.

(4) de Chestret, *Notice* citée, p. 15.

Il présidait comme il parlait et sa gaieté communicative apaisait presque toujours les susceptibilités. Mais entre toutes les sociétés qu'il dirigeait (1), la nôtre était sa privilégiée. Présent à toutes les séances depuis la fondation jusqu'en 1884 (2), Chalon fut l'âme de notre compagnie ; il s'occupait sans cesse de la rentrée des annuels — ce nerf de la guerre — des manuscrits à publier, de la diffusion des exemplaires destinés au commerce.

Et lorsque le poids de l'âge lui commanda le repos, sa nombreuse correspondance le montre encore veillant avec sollicitude à notre avenir. Il nous présida la dernière fois le 22 juillet 1888, chez notre collègue le duc d'Ursel, gouverneur du Hainaut ; sa robuste constitution semblait encore triompher des arrêts irrévocables de la vieillesse. Aussi sa mort qui survint après quelques jours d'indisposition, le 21 février 1889, nous surprit et nous affligea profondément. L'ami dévoué, dont la sollicitude éclairée nous avait assuré une vie prospère et durable, disparaissait pour toujours !

Ses obsèques eurent lieu, le 27 février, à Ixelles, au milieu d'un immense concours de monde. Une nombreuse délégation des Bibliophiles belges s'y trouvait. Après le service solennel en l'église de Saint-Boniface, le corps fut ramené dans notre ville, pour être inhumé au cimetière d'Hyon. Lorsque la dépouille funèbre arriva dans la gare de Mons, notre col-

(1) Chalon était président de la Société Royale belge de numismatique, de la Commission de surveillance du Musée d'antiquités, vice-président de la Commission royale des Monuments et du Conseil d'administration de la Bibliothèque royale ; il dirigea la classe des lettres de l'Académie royale de Belgique, et pendant vingt-huit années, le *Bulletin des Commissions royales d'art et d'archéologie.* Il fit en outre partie de toutes les sociétés savantes et littéraires du pays et de beaucoup de sociétés étrangères. *Catalogue des livres rares et curieux de M. Renier Chalon,* Introduction.

(2) Registres des procès-verbaux.

lègue, M. Gonzalès Decamps, prononça l'éloge du bibliophile distingué, du savant aimable qui présidait notre compagnie depuis 1837, montra l'amour de Chalon pour sa ville natale, comment, avec quelques amis, il en avait relevé le niveau scientifique et émit le vœu de voir notre cité témoigner sa reconnaissance envers un de ses fils les plus remarquables (1), dont la Belgique et de nombreux pays avaient reconnu les mérites (2).

Notre compagnie s'occupa de réaliser ce projet et, à sa demande, le Conseil communal fit poser sur la demeure ancestrale, rue des Clercs, n° 29 (3), une plaque en marbre blanc, avec cette inscription :

DANS CETTE MAISON EST NÉ LE 4 DÉCEMBRE 1802
RENIER CHALON
NUMISMATE ET BIBLIOPHILE
ÉRIGÉ PAR LA VILLE DE MONS — 1898.

---

(1) *Journal de Mons* du jeudi 28 février 1889.

(2) Chalon était décoré de la croix civique de 1re classe, Commandeur des ordres de Léopold, du Christ de Portugal, de Saint-Stanislas de Russie, Chevalier des ordres de la Couronne de Chêne, du Lion de Zaeringen, de la Branche Ernestine de Saxe, etc., etc., Officier de l'instruction publique de France.

(3) Joachim Chalon, grand-père de Renier, la construisit en 1750.

Lettres inédites de Chalon a Hennebert (1).

1.

Bruxelles, le 30 juillet 1840.

Mon Cher Confrère,

Comme vous l'avez fort bien deviné, je suis en effet pour *quelque chose* dans le catalogue du comte de Fortsas. Cette plaisanterie *a pris* au delà de toute prévision. Figurez-vous que les plus gros bonnets donnent en plein dans le panneau, et que la chose va si loin que je serai, je crois, forcé par la prudence de la *défaire* avant le 10 Août. MM. de Reiffenberg, Voisin, Willems, Noortdonc, Verbyst, etc., veulent aller à Binche. J'arrive de Mons où j'ai vu M. le maire de Douai allant à Binche voir s'il n'y avait pas moyen d'acquérir à l'amiable ! Les lettres arrivent de tous côtés : les lettres ce n'est rien, mais l'arrivée des bibliofoux serait plus sérieuse — pour Hoyois —. Je n'ai pas besoin de vous dire de garder le secret de la mystification jusqu'à la vente... Je ne me soucie pas du tout de la gloire de mon œuvre : elle ne balancera pas l'ire générale de la gent bouquinneuse qui ne me le pardonnerait pas.

Figurez-vous Willems insinuant *tout doucement* que Serrure *aurait bien* pu *plagier* son travail sur Rummen dans la bibliothèque du comte ! !

A Monsieur Frédéric Hennebert, archiviste de l'État, à Liège.

(*Timbre de la poste :*) Bruxelles, 30 juillet 1840.

2.

Voici en deux mots, mon cher, toute l'histoire de mon fatal catalogue. Le comte de Fortsas, le notaire Mourlon, *tous* les livres en vente, tout est une *blague* et une triple *blague* — mais tout le monde a gobé d'une manière incroyable !

Je vais faire annoncer que la vente n'aura pas lieu, la ville de Binche ayant acheté toute la collection pour sa bibliothèque publique ! Il faut bien finir

(1) Ms n° 1281 de la Bibliothèque de l'Université de Gand.

d'une manière honnête, une plaisanterie qui va plus loin qu'on ne voudrait, et empêcher MM. Voisin, de Reiffenberg, Verbyst, Willems, Crozet, Techener, etc., d'aller à Binche comme ils en ont l'intention. Vous êtes sans doute, de mon avis : *est modus in rebus*. Quel beau congrès mystifiable ça ferait. — Cependant, c'est dommage !

Vous avez pu remarquer que dans ma plaisanterie, il y avait un article pour chaque amateur à peu près : 11, pour Delepierre — 23, pour Serrure — 31, pour De Jonghe — 35, pour Mathieu — 46 et 64, pour Van Hasselt — 48, pour Voisin et le P^ce de —, 52 pour moi, 55 pour vous, 71 Dinaux, 79 Kétèle, 142 de Gerlache, 197 Willems, etc., etc. Je ne pardonne pas à Delepierre de n'avoir offert que 25 frs pour l'abbé Moussi (n° 11).

Tout à vous,

R. de FORTSAS.

A Monsieur Frédéric Hennebert.

(*Timbre de la poste :*) Bruxelles, 5 août 1840.

3.

Le catalogue de M. de Fortsas me donne de plus en plus matière à rire. Figurez-vous que M. de Reiffenberg, dans un rapport au Ministre, suivi de deux lettres pressantes, demandait un subside de 1700 frs pour acheter quelques articles de cette riche collection. J'ai eu beaucoup de peine à lui persuader que c'était une farce, mais il a eu l'esprit (du reste comme il a toujours) d'en rire de bon cœur ; on m'a assuré qu'il *aurait ri*, encore que je l'eusse laissé aller à Binche.

Le plus admirable, c'est mon ami Polain, notre confrère ; il veut à tout prix le mémoire de De Mousson, n° 172, dont il a, *dit-il*, un exemplaire imparfait !!! Je serais curieux de le voir son exemplaire imparfait ! Je n'ai pas besoin de vous dire que ce livre, comme tous les autres, est tout à fait imaginaire.. que l'histoire de la visite de Fortsas à Polain est également imaginaire. Comment diable avons-nous pu *faire croire* à ce dernier *qu'il avait* la première partie d'un livre qui n'existe pas ? Expliquez cela, si vous pouvez.

Les commandes pleuvent ; Van de Weyer, etc., ont fait des offres à *tout prix*. Entretemps j'ai dû, avant le 10, finir ou détourner la plaisanterie par l'avis ci-joint, inséré dans les journaux. La prudence l'exigeait pour ne pas faire dégénérer en *mauvaise plaisanterie* une farce qui a le mérite d'être gaie, sans fiel et sans méchanceté ! Fortsas sera le type mytrique, *la personnification charge* du bibliofou.

J'oublie de vous dire que M. de Reiffenberg a retrouvé dans sa généalogie, l'*auteur* du n° 158 ! « Il était, me dit-il, chanoine à Trêves à cette époque ; où diable aviez-vous vu cela ? » — le hasard m'a bien servi.

Pas d'allusion au reste à toutes ces confidences.

A Monsieur Frédéric Hennebert.

(*Timbre de la poste :*) Bruxelles, 9 août 1840.

HECTOR MANCEAUX

Il naquit à Mons, le 16 décembre 1831, de Pierre et de Marie-Charlotte Hoyois. Son bisaïeul maternel, Henri-Joseph, après avoir fondé dans cette ville (1772), une librairie-imprimerie renommée, la remit, onze ans plus tard, à Nicolas Bocquet, qui continua le commerce jusqu'en 1805 et reçut, comme apprenti dès 1786, le fils de son prédécesseur également nommé Henri-Joseph. Ce dernier s'établit à l'âge de 25 ans (1798), rue des Fripiers, n° 24, puis au n° 4 (6 nouveau), s'occupe des classiques à l'usage des écoles primaires (1816), prend la firme « Librairie d'Éducation », et se retire en 1834.

Alors Hoyois cède l'imprimerie à son fils Emmanuël (1), la librairie à sa fille (2) ; le 22 avril, il lui vend l'immeuble, à elle et à son mari, professeur au collège communal de Mons (3). Pierre Manceaux, veuf le 1er novembre 1846, rétablit l'imprimerie. Son fils s'en occupe depuis 1861 ; quatre ans après, il succède au père à la tête de l'établissement qu'il acquiert le 13 mars 1879 (4).

Actif, intelligent, doué d'une indomptable énergie, Hector voulait que sa maison devînt la première du pays et publiât surtout des ouvrages écrits par des belges : ce fut la préoccupation de toute sa vie.

(1) Il exerçait déjà, rue des Clercs, depuis 1828.

(2) Adolphe Mathieu, *Notice sur Henri-Joseph Hoyois*. Édition des Bibliophiles belges et *Biographie montoise*, pp. 187, 188, 192, 194, 195 (Mons, 1848), Hippolyte Rousselle, *Annales de l'imprimerie, à Mons*, p. 542 (Mons, 1858) ; F. Loise, *Biographie nationale*, t. ix, col. 581-586.

(3) Acte passé devant Me Clerfayt, notaire à Mons.

(4) Acte passé devant Me Buisseret, notaire à Jemappes.

Dès 1861, il crée la *Collection nationale des classiques* à l'usage des classes primaires et des athénées, y joint (1879) les manuels de l'enseignement normal primaire et plus tard, les ouvrages scientifiques. A dater de 1880, Manceaux édite les livres de *La Bibliothèque belge* et de *La Bibliothèque à l'usage de la jeunesse belge.*

Le dernier catalogue (1), (juillet 1889), contient de nombreux ouvrages nationaux composés par des belges, pour des belges et spécialement destinés aux distributions des prix, aux bibliothèques et conférences populaires. Envoyée seulement aux meilleurs clients et aux amis de l'auteur, avec hommage signé, cette brochure est devenue une rareté bibliographique. Elle renferme un sonnet dédié par Antoine Clesse, au généreux éditeur du *Recueil de morceaux en prose et en vers composés par des habitants de la ville de Mons* (2) :

(1) *Catalogue illustré des collections d'ouvrages nationaux publiés par* Hector Manceaux, *imprimeur-éditeur, à Mons.*

Division

I

Vingt séries d'ouvrages écrits et illustrés par des belges, destinés aux distributions des prix. — Œuvres de littérature et de sciences, convenant aux écoles professionnelles et industrielles et aux bibliothèques de conférences populaires.

II

Collections nationales d'ouvrages classiques à l'usage de l'enseignement à tous les degrés : frœbel, primaire, moyen, supérieur et professionnel.

III

Publications périodiques.
Juillet 1889.

(2) Cet in-quarto de 34 pages, illustré de photogravures, reproductions de dessins ou d'eaux fortes d'artistes montois, est actuellement très rare.

Rien pas même la charité,
Ne pourrait unir les artistes :
Ils ont, disaient les rigoristes,
Trop grande irritabilité.

Et l'on vit dans notre cité,
Compositeurs et journalistes,
Peintres, poètes, publicistes,
Faire œuvre de fraternité.

Les éditeurs et les libraires
Pour les auteurs sont des corsaires,
Répétait un monde moqueur...

Mais, au nom de MONS-CHARITABLE,
Par ma voix, la gent irritable
Vous dit merci du fond du cœur.

Mons, avril 1880 (1).

Cependant, parmi tous les volumes renseignés au dit catalogue, plusieurs n'existaient point. Les auteurs n'avaient pas encore envoyé de copie, ou Manceaux se proposait de rédiger les ouvrages. Bon écrivain, il avait en effet, déjà composé de nombreux livres de vulgarisation, souvent à ses frais (2).

Excellent imprimeur, il donnait des soins tout particuliers à l'exécution matérielle : « les meilleures choses devant revêtir une forme agréable pour être goûtées » (3). Aussi, toutes les éditions sorties de ses presses — y compris les annales des sociétés savantes — se distinguent par une composition typographique impeccable ; elles sont si correctes que, dans la plupart, la traditionnelle page d'errata put être supprimée.

(1) *Catalogue* cité, p. 71.
(2) *Bibliographie nationale*, t. II, p. 584.
(3) *Catalogue* cité, p. 3.

Ces travaux trop lourds pour un seul homme épuisèrent Manceaux. Il tomba malade et voulut remettre sa maison (1891). Mais auparavant il réunit dans un album — dont le premier cahier seul a paru — les dessins et les bois exécutés au nombre de cinq mille pour illustrer les collections nationales comprenant quatre cent vingt ouvrages. Puis il traita avec M. Castaigne et autres libraires de Bruxelles pour la reprise du fonds de commerce (1).

L'effondrement de toutes ses espérances aggrava l'affection de Manceaux ; il donna sa démission de président de notre compagnie (2), et, le 9 juillet 1894, il s'éteignait à Uccle (3).

---

(1) EDMOND CHARLES (LÉON LOSSEAU), *La librairie Manceaux de Mons, sous la direction de Hector Manceaux*. Extrait du bulletin de la Soc. Liég. de Bibl., t. 1, octobre 1892, passim ; CH. ROUSSELLE, *Biographie montoise du XIXe siècle*, p. 173 (Mons, 1900) ; E. MATTHIEU, *Biographie du Hainaut*, p. 126 (Enghien 1903).

(2) Il avait été reçu membre le 4 février 1883 et élu président le 26 avril 1889.

(3) Manceaux fut président du tribunal de commerce (1877), conseiller communal et échevin de l'instruction publique (1885-1888), membre de la Commission des Hospices Civils de Mons (17 août 1872-1er janvier 1881), président du Cercle de la Librairie de Belgique (1886-1889), administrateur du Comptoir d'escompte de la banque nationale et des sociétés métallurgiques de Louvroil et de Châtelineau. Sa Majesté l'avait nommé Chevalier de son ordre et décoré de la croix civique de première classe.

LÉON DOLEZ

La famille Dolez, établie à Mons depuis 1692 (1), compte parmi ses membres les plus distingués, les éminents jurisconsultes, Jean-François (1764-1834) et ses deux fils : Hubert (1808-1880) et François (1806-1883) (2).

Né de ce dernier et de Hortense Boisacq, le 11 mars 1837, Léon-François-Philippe-Marie Dolez fit de brillantes études à l'Université de Liège, s'inscrivit au Barreau (1859), puis devint juge (10 juin 1867), vice-président (23 septembre 1872), et président du tribunal de première instance de Mons (24 juillet 1891). C'était un magistrat très digne, intègre et consciencieux ; sa vive intelligence saisissait de suite la solution juridique des affaires débattues à la barre.

Dans le domaine de la juridiction gracieuse, il mettait tant de soin, d'amabilité, d'esprit de conciliation que presque toujours, les difficultés, souvent très délicates, disparaissaient dès la première comparution (3).

Au palais, les collègues connaissaient son extrême courtoisie ; les inférieurs, sa bienveillance, son dévoûment soutenu, ses paternels procédés. Les accusés et les prévenus bénéficiaient aussi de la bonté de son cœur. Dans l'éloge funèbre prononcé le 9 juin 1902 (4), M. le vice-président Lebon ne rappelait-il pas avec raison que, « soit à la cour

(1) François Dolez, de Paris, faisait partie d'un régiment d'artillerie française ; après la prise de Mons, il se fixa dans cette ville et y mourut le 17 octobre 1696. *État-civil de Mons, paroisse de Ste-Waudru*, reg. 159, p. 34.

(2) Ch. Rousselle, *Biographie* citée, pp. 80-83.

(3) H(adelin) D(esguin), *La mort de M. Léon Dolez*. Le Hainaut, n° 158, samedi 7 juin 1902.

(4) Dolez était mort le 6.

d'assises, soit à la chambre correctionnelle, Dolez, hostile à toute peine sévère, s'efforçait toujours d'atténuer dans la mesure du possible, les rigueurs de la loi ».

Tel il était au tribunal, tel il fut comme président de la Commission des Hospices civils (1871-1881), lieutenant-colonel de notre garde-civique depuis 1877, et colonel en 1899 (1).

Que l'on ne s'étonne point de voir un magistrat occuper ce grade ! De Fernelmont, conseiller éminent à la Cour de cassation, s'était trouvé dès 1848, à la tête de la milice citoyenne de Bruxelles (2). L'exemple venait de haut !

Dans les relations privées, Dolez, un peu froid d'abord, devenait vite communicatif; il était intarissable en matière de tableaux, d'estampes, de littérature. Nos collègues ont souvent apprécié la sûreté, la variété de ses connaissances dans ces questions (3).

C'était, en effet, un artiste. Ses eaux-fortes, ses dessins, ses peintures sur porcelaine et faïence, sont remarquables par l'exactitude scrupuleuse du modèle et la délicatesse de l'exécution.

Élève du Maître distingué M. Auguste Danse, il grave sous sa direction : *Rue de la Terre du Prince* (1875); *Fortifications de Mons démolies, 1861-65*, douze vues (1875-1878) ; *Le Chantre* (1876) et *Le Bûcheron* (1877) d'après les aquarelles de A. Hennebicq ; *La Trouille*, l'*Avenue des Guérites et la Tour du Château* (1879); la *Cour de l'Académie de musique* (1880).

(1) G(onzalès) D(ecamps), *Les funérailles de M. Léon Dolez*. Journal de Mons, nos 160 et 161 : lundi et mardi 10 juin 1902.

(2) Faider, *Discours prononcé à l'audience de rentrée de la Cour de cassation, le 15 octobre* 1875, p. 2.

(3) Membre de notre société depuis le 26 août 1866, il fut nommé président le 21 novembre 1893.

En cette dernière année, il donnait à « Mons-Charitable » les dessins à la plume : *La Trouille*, détournée en 1872, et le côté latéral de l'hôpital militaire, détruit par l'incendie du 14 février 1875; *Terre du Prince*, avec les murs de la première enceinte de Mons (1).

Notre publication du cinquantième anniversaire contient de Dolez une remarquable vue de l'entrée et de la cour intérieure de l'hôtel de ville, la perspective de Mons d'après Le Poivre, Mons et l'hôpital Saint-Lazare, une poterne du castel au xve siècle (lettrine), le singe du Grand-Garde (cul de lampe) (2).

La garde civique doit au lieutenant-colonel le beau diplôme de prix : *Tir de légion* ; une branche de chêne enveloppe le beffroi, le tir communal, les armoiries du pays et de Mons entourées de drapeaux (1886). L'ensemble est des plus gracieux.

M. Albert Dolez possède de son père, les fines peintures suivantes : 1° SUR PORCELAINE des assiettes représentant *Vue de Steinzel* (grand-duché de Luxembourg), *Maison de M. François Dolez, à Ghlin* (3) exécutées en 1874, *l'Église de Sainte-Élisabeth, Rue Terre du Prince*, et la *Trouille jadis* (1877) ; 2° SUR FAÏENCE une assiette *La Trouille jadis* (4) (1876), un plat fond bleu, fleurs jaunes donnant des vues de Mons et de Ghlin (1880), deux bonbonnières (bleu).

(1) *Mons-Charitable*, pp. 9 et 31. Ces vues furent reproduites dans : L. DEVILLERS, *Le passé artistique de Mons, édition illustrée*, pp. 57 et 68 (Mons, Manceaux, 1886) ; MANCEAUX, *Album*... premier cahier, p. 30.

(2) LESSABÉE, *Description* citée, p. III.

(3) Conservée à côté du château « Le Festinoy » construit par Léon Dolez.

(4) Premier essai sur vernis cru, peinture bleue.

Viennent ensuite des pastels, aquarelles, nombreux croquis de voyages, de vues de nos monuments démolis, etc. (1)

Dans sa jeunesse, Dolez dessina sur pierre cet *ex-libris* :

Il écrivit enfin, pour l'*Atlas des villes de la Belgique au XVIe siècle* (2), les monographies : Beaumont, Binche, Chièvres, Mons et Saint-Ghislain.

Amateur éclairé d'estampes, de gravures, de plans relatifs à Mons, il les a réunis avec ses dessins dans plusieurs albums offerts, après son décès, à la Ville. Déposés à la Bibliothèque publique, ils comprennent plus de 1700 numéros et forment une collection unique des pièces les plus rares et les plus précieuses pour la topographie de notre cité (3).

Dolez était Officier de l'ordre de Léopold, de la Couronne du Congo, d'Académie de France, décoré de la croix civique de première classe.

(1) Les bâtiments de l'ancienne Abbaye du Val en 1870 et la Vue de l'église en démolition, sont reproduits dans l'ouvrage de GONZALÈS DECAMPS : *Notre-Dame du Val-des-Écoliers (1252-1796), monographie archéo-historique*, pp. 234 et 236 (Mons, 1885).

(2) CH. RUELENS, *Atlas des villes de la Belgique au XVIe siècle. Cent plans du géographe Jacques Deventer* (Bruxelles, Institut national de géographie), s. d. Notre collègue, le R. P. Van den Gheyn, continue la publication.

(3) CH. ROUSSELLE, *Les vues gravées de la ville de Mons et de ses Monuments*. Annales du Cercle archéologique de Mons, t. XXV, pp. 303 et 304.

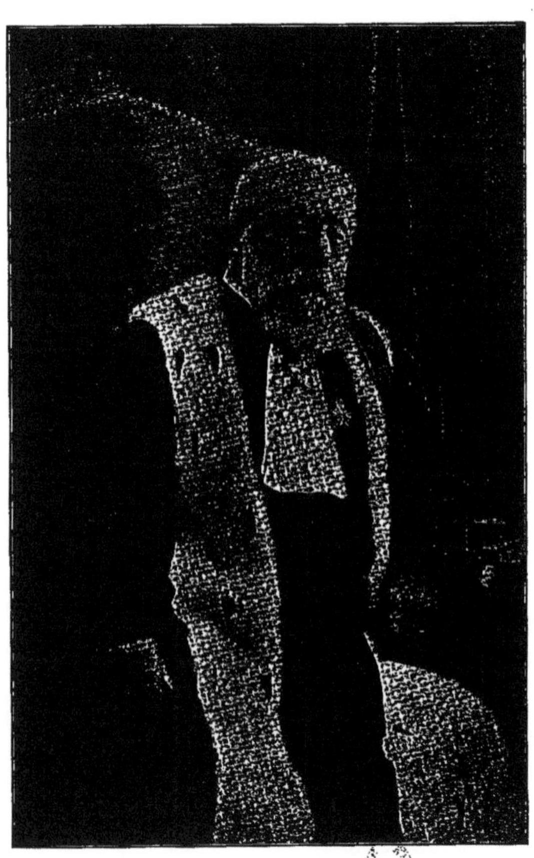

JULES DE LE COURT

Issu d'une famille montoise (1) qui comptait de nombreux magistrats et jurisconsultes distingués (2), Jules-Victor naquit en notre cité le 9 octobre 1835, de Charles, avocat, second secrétaire de la société des Bibliophiles belges et d'Isabelle Fontaine (3).

De bonne heure, il montra de grandes dispositions pour la bibliographie. Son père avait commencé la rédaction de la vie du comte Joseph de Saint-Genois. De Le Court la continue et la complète par l'analyse détaillée des monuments anciens et autres publications du seigneur de Grand-Breucq. L'existence agitée de cet écrivain, de cet homme politique, ses procès incessants, sont racontés d'une plume alerte ;

(1) Les premiers connus d'après actes remontent à 1329. De Mons, ils s'établirent à Jemappes, Baudour, Ghlin, Ath, Harchies. Né dans cette dernière localité, Charles-François, après avoir obtenu le diplôme de docteur en droit à l'Université de Douai (3 avril 1667), exerça la profession d'avocat au Conseil souverain et mourut le 12 mars 1714. C'était un ascendant direct de notre président Jules De Le Court. *Archives de la Famille.*

(2) Citons entre autres : Pierre, conseiller pensionnaire de la ville de Mons (1534) ; Gilles, conseiller de robe longue au Conseil souverain de Hainaut (1753) ; Emmanuel, avocat et jurisconsulte (1755) ; Humbert, juge de paix de Lens et Casteau, juge au tribunal civil du département de Jemappes, puis au tribunal d'appel et maintenu conseiller à la Cour impériale de Bruxelles (1794-1811) ; Charles, avocat du barreau de Mons (1831). (C. Wins), *Notice nécrologique sur M. Charles Delecourt* (1834), Édition des Bibliophiles belges, p. 4 ; Alexandre Pinchart, *Histoire du Conseil souverain de Hainaut,* p. 158 (Bruxelles 1857) ; Jules De Le Court, *Emmanuel-Ignace-Joseph Delecourt.* Annales du Cercle archéologique de Mons, t. III, pp. 323-326 ; Charles Rousselle, *Biographie* citée, p. 54.

(3) Après la mort de son mari (4 juin 1839), elle s'établit à Bruxelles. Jules fit ses études à l'Athénée royal et à l'Université de cette ville.

ses nombreux ouvrages — vrai fatras diplomatique — sont classés avec ordre et soigneusement commentés. Charles Ruelens fait le plus grand éloge de cette *Notice sur la vie et les ouvrages du comte Joseph de Saint-Genois,* parue dans les « Annales du Cercle archéologique de Mons » (1). Elles présageaient en effet dans son auteur, l'écrivain érudit, le travailleur méticuleux et acharné.

Après son mariage avec Élise Chalon, le 18 septembre 1860, notre collègue donnait à la même société (1862), la *Biographie du jurisconsulte montois Emmanuel Delecourt* (2) et deux ans plus tard, la *Bibliographie de l'Histoire du Hainaut* (3). Cette dernière comprenait 1475 numéros classés méthodiquement ; les ouvrages parus sur la matière, les chartes, les manuscrits, les articles de revues ou de sociétés, tous soigneusement annotés avec les indications nécessaires pour les retrouver, montraient la grande valeur de ce répertoire indispensable aux écrivains de notre province (4).

Les *Saisies-réelles en Hainaut sous l'ancien droit coutumier* (5) publiées en 1871, formèrent une étude importante. « Cette matière présente d'autant plus d'intérêt, dit l'auteur, que le tribunal de Mons est encore fréquemment appelé à statuer sur la revendication de sommes consignées appartenant à d'anciennes saisies et réclamées, soit par les héritiers du saisi, soit par les héritiers du créancier (6) ».

(1) *Annales* citées, t. II (1859), pp. 1-70 ; C(HARLES) R(UELENS), *Bulletin du bibliophile belge*, t. XV, p. 436.

(2) *Annales* citées, t. III, pp. 323-326.

(3) *Annales* citées, t. V, pp. 1-128W.

(4) AUG(USTE) SCH(ELER), *Bulletin* cité, t. XX, p. 446.

(5) *Annales* citées, t. X, première partie, pp. 477-515 et t. XXXV, p. VIII : LÉO VERRIEST, *Nécrologie*. J.-V. DE LE COURT.

(6) *Annales* citées, t. X, p. 471, n. 1.

Ici s'arrête la collaboration de De Le Court aux « Annales du Cercle archéologique de Mons ».

Notre compagnie l'avait reçu parmi ses membres le 25 août 1861. Elle lui doit l'excellente *Notice sur Arthur Dinaux* (1866) et en 1882, la publication avec Rousselle des *Mémoires sur l'histoire de la ville de Mons par P.-P.-J. Harmignie* (1).

D'autres sociétés bénéficièrent des travaux de notre collègue. De 1862-1865, paraissait dans le « Bulletin du bibliophile belge » l'important *Essai d'un dictionnaire des ouvrages anonymes et pseudonymes publiés en Belgique au XIXe siècle, par un membre de la société des Bibliophiles belges* (2). Il signait cependant la dernière page de ce livre — le premier en ce genre paru dans notre pays. Les 3150 notices, fruit de nombreuses recherches, sont toutes claires et précises. Une bonne table onomastique complète le volume. L'extrait du « Bulletin » — cent exemplaires numérotés et signés, dont cinquante ont été mis dans le commerce — est excessivement rare. La couverture imprimée en 1866, porte le monogramme :

Secrétaire à cette date, des Bibliophiles de Belgique, De Le Court rend compte de nombreux ouvrages et commence l'étude des auteurs excentriques, par la *Notice biogra-*

(1) Voir supra, *Notice sur la société des Bibliophiles belges*.

(2) *Bulletin* cité, t. XVIII (1862), p. 434 ; XIX, pp. 19, 166, 276 ; XX, pp. 5, 151, 239, 319, 391 ; XXI (1865), pp. 5, 117, 245.

phique et bibliographique sur Guillaume-Marie Gensse (1), la seule parue.

Pour la « Biographie nationale » notre savant collègue rédigea trente-six notices documentées sur des montois célèbres, des jurisconsultes et magistrats remarquables (2).

De Le Court, juge au tribunal de première instance de Mons depuis le 14 octobre 1867, allait remplir les mêmes fonctions à Bruxelles, le 19 octobre 1871.

En 1883, il composa pour les « Coutumes du pays et comté de Hainaut », une *Introduction* complète, méthodique, fouillée de notre ancien droit, suivie de la bibliographie annotée des chartes, coutumes, ordonnances, édits, placards, commentaires et traités (3). Enfin il écrivit l'aperçu sommaire de l'œuvre législative du gouvernement de Marie-Thérèse (4).

(1) Voir supra : *Biographie Chalon*.

(2) *Biographie nationale*. T. I : AGYLÆUS (Henri), ANSELMO (Antoine), AYALA (Balthazar), BARTHÉLÉMY (Antoine), BAUDRY (Pierre). — T. II : BAUWENS (Amand), BERLAYMONT (Gilles de), BETTIGNIES (Claude de), BLITTERSWYCK (Guillaume van ou de), BOISSCHOT (Ferdinand de), BOSQUET (Jean), BOSQUIER (Philippe) ou BOSKIER, BRASSEUR (Philippe). — T. III : BRÉS (Guy de), BRICQUET (Philippe), BRISSELOT (Jean), BROUTA (Lucien), BUISSERET (François). — T. V : DEFUISSEAUX (Nicolas), DE JONGHE (J.-B.), DE LA BASSECOURT (Claude) ou DE BASSECOURT, DE LA BASSECOURT (Fabrice) ou DE BASSECOURT, DELEBECQUE (Alphonse), DELECOURT (Emmanuel), DELECOURT (Victor), DELECOURT (Charles). — T. VI : FABER (Jean) ou FABRE, FABER (Jean). — T. VII : FIERLANT (Simon de), FONTANUS (Josse de), FRENNE (Joseph de), GENOIS (le comte François de Saint-), GENSSE (Guillaume), GILLIS (Pierre) ou ÆGIDIUS. — T. XVII : PLAISANT (Isidore). — T. XVIII : RANWET (Louis).

(3) FAIDER, *Coutumes du pays et comté de Hainaut*. In-4°. (Bruxelles, 1871, 1874, 1878, 1883). L'introduction et sa table analytique comptent CLXXXII pp.

(4) JULES DE LE COURT, *Recueil des ordonnances des Pays-Bas autrichiens. Troisième série, 1700-1794, tome XI (14 janvier 1775-décembre 1780) précédé d'un aperçu général de l'œuvre législative et administrative du règne de Marie-Thérèse*. In-f° de XXXV-475 pp. (Bruxelles, 1905) ; H. VANDER LINDEN, *Archives belges*, VIII° année, n° 47, pp. 55-57.

Il ne rentre point dans ce cadre d'apprécier les travaux du juriste. Il suffira de dire qu'il fonda les *Pandectes belges* avec M. Picard (1876), composa d'excellents articles et revit tous les autres jusqu'au LXXXVe volume. Sans lui, « cette édification énorme, lente à décourager une obstinée patience, fût peut-être restée inachevée ! ! » Je ne puis omettre ses *Codes belges* « chef-d'œuvre d'exactitude tenace et attentive, outils excellents, auxiliaires indispensables entre les mains de tout jurisconsulte ». (1) Le *Code politique et administratif de la Belgique* (2) obtint le même succès.

Ce que fut De Le Court comme président de chambre à la Cour d'appel (5 janvier 1895) et premier président (1er octobre 1901) (3), d'autres le rappelèrent avec grande autorité, lors de sa mort inattendue arrivée le 16 février 1906. « Il était de ces chefs qui croient n'avoir pas fait leur devoir, lorsqu'ils n'ont pas fait plus que leur devoir ». Les étapes de sa brillante carrière, sa science du droit, sa dignité simple, son extrême obligeance envers ses collègues, furent aussi mises en pleine lumière (4).

Pour achever ce portrait, M. Picard, après avoir montré le défunt « laborieux à un degré merveilleux, toujours à la besogne avec la ténacité d'une fourmi », signale avec

(1) *Journal des tribunaux*, du 22 février 1906, col. 235.

(2) En collaboration avec Ferdinand Larcier.

(3) Vice-président du tribunal de première instance de Bruxelles, le 16 février 1873, il avait été nommé conseiller à la Cour d'appel, le 27 mai 1879.

(4) *Journal des tribunaux* du 15 février 1906, col. 203-204 ; du 18, col. 223-224 ; du 25, col. 251-252. — *Belgique judiciaire 1906*, pp. 209-211 ; JOTTRAND, AVOCAT-GÉNÉRAL A LA COUR D'APPEL, *Un crime d'État sous le ministère Van Maanen. Discours prononcé à l'audience solennelle de rentrée du 1er octobre 1906*, pp. 48-49.

éloge l'extrême bienveillance du premier président : « Il donnait à la Justice les allures d'une bonne mère, non seulement sur son siège, mais aussi dans la pratique des institutions de bienfaisance dont il était un fervent coopérateur. Il se rendait compte que la vie est indivisible, qu'elle ne s'épanouit complètement que lorsqu'on ne l'isole pas dans une seule fonction et qu'un magistrat doit être plus qu'un simple écouteur de litige et un rédacteur d'arrêts » (1).

Dans ses rares moments de loisir (2), De Le Court recherchait les ouvrages curieux, les brochures anonymes et pseudonymes (3), les ex-libris, les estampes, les vues et monuments de notre pays, les souvenirs des révolutions brabançonne, française et belge (4). Les intimes étaient initiés aux trésors de sa bibliothèque (5), par de charmantes causeries, enjouées, instructives.

Tel était l'homme, tel fut le collègue et le président de notre compagnie. Il la dirigea depuis le 24 mai 1903 avec autorité, tact et courtoisie. Sa mort inopinée fut un grand

(1) *Journal des tribunaux* du 22 février 1906, col. 235.

(2) Le premier président était encore vice-président du Conseil d'Administration de la Bibliothèque royale, vice-président de la Commission de surveillance du conservatoire royal de musique, secrétaire de la Commission royale pour la publication des anciennes lois et ordonnances, vice-président de la Commission royale des patronages, membre de la Commission de la Bibliographie nationale. Il fut l'un des présidents du Congrès archéologique et historique de Mons en 1904.

(3) Pour compléter son *Essai des ouvrages anonymes et pseudonymes...*, et en donner une édition définitive à jour. Il avait rédigé dans ce but, de nombreuses fiches.

(4) Grosjean, *Revue* citée, p. 76.

(5) *Collection des livres et estampes provenant des collections de feu M. J.-V. De Le Court et de MM***. Vente du 5 au 9 mars 1907* ; — 2e *partie, Vente du 4 au 7 décembre 1907* (Bruxelles, E. Deman, expert-libraire).

deuil pour notre société. Ne perdait-elle pas un bibliographe fécond, un bibliophile érudit, un président vénéré ! (1)

Son souvenir ne s'éteindra jamais.

---

(1) De Le Court était Commandeur de l'ordre de Léopold, décoré de la croix civique de première classe et Officier de l'Instruction publique de France.

Un bibliophile du IXe siècle

LOUP DE FERRIÈRES

CHERS COLLÈGUES,

Quand, par une bonne soirée d'hiver, confortablement installés dans votre salle de travail, vous jetez un regard satisfait sur les livres qui en tapissent les murs, ou, parcourant d'un œil avide le dernier catalogue de bouquiniste que la poste vient de vous apporter, vous découvrez la rarissime édition ou la curieuse plaquette que depuis des années vous recherchez si passionnément, si patiemment, et que vous espérez enfin voir en votre possession par retour du courrier, vous est-il jamais venu en pensée de songer à vos devanciers en bibliophilie ? La soif de connaître est de tous les temps, et il y a bien des siècles que les livres sont la joie, la fierté, la consolation de l'élite des sociétés. Les livres, aujourd'hui, sont à la portée de toutes les bourses, et, ce que le particulier doit refuser à l'exiguïté d'un budget limité, l'Etat, père nourricier de tous ceux qui contribuent à la fortune publique, l'Etat le lui accorde avec une générosité parfois plus magnanime qu'intelligente. Nos grands-pères ont connu les beaux jours de la bibliophilie ; au XXe siècle, malgré la création de nombreuses bibliothèques publiques, malgré la concurrence de l'étranger et le renchérissement des livres qui en est la conséquence, notre sort n'est pas encore trop à plaindre. Mais il fut un temps, et ce temps a duré de longs siècles, où les joies de la bibliophilie n'étaient l'apanage que du petit nombre, et où ces joies s'achetaient au prix de longs efforts et de rudes labeurs. La moins importante des bibliothèques des membres de notre Société aurait fait jadis la parure d'un palais royal ou d'une puissante abbaye.

C'est dans un vieux monastère de la France de Charles le Chauve, que je vous demande la permission de vous conduire, en nous reportant à onze siècles en arrière (1). Nous y trouverons un aimable confrère, homme d'Eglise et homme d'Etat, professeur distingué et bibliophile acharné. Le souci d'enrichir sa bibliothèque ne lui a pas fait oublier le soin de la cave et du potager. Ferrières fabriquait un cidre apprécié des connaisseurs ; on y dégustait la bière (2), et l'on y avait grand souci d'améliorer et de multiplier les crus bourguignons (3). Peut-on dire que cette sorte de bibliophiles ait totalement disparu ?

Loup de Ferrières est de l'école d'Alcuin. C'est dans ce

(1) Les lettres de Loup de Ferrières ont été rééditées par G. Desdevises du Dézert (*Lettres de Servat Loup, abbé de Ferrières*. Texte, notes et introduction. (Bibl. de l'Ecole des Hautes-Etudes, fasc. 77. Paris, 1888), puis avec tout le soin désirable par E. Dümmler (*Mon. Germ. hist.* Epistolæ, t. VI, Berlin, 1902, p. 1-126) ; c'est cette dernière édition que nous citons. Les études de E. Levillain, *Etude sur les lettres de Loup de Ferrières* (*Bibl. de l'Ecole des Chartes*, t. LXII, 1901, p. 445-509 ; t. LXIII, 1902, p. 69-118, 289-330, 537-586), et *Une nouvelle édition des lettres de Loup de Ferrières* (*ib.*, t. LXIV, 1903, p. 259-283) sont précieuses pour l'intelligence du texte et pour la chronologie. On y trouvera renseignée la bibliographie du sujet. Mentionnons aussi la spirituelle critique de l'édition de Desdevises par le P. A. Lapôtre, *Servat Loup à l'Ecole des Hautes Etudes* (*Etudes religieuses*, 1890, t. XLIX, p. 353-394).

(2) Epist. 109, p. 94.

(3) Epist. 112, p. 97 ; Lapôtre, p. 355.

monastère, illustré par l'enseignement du restaurateur des belles-lettres sous Charlemagne et de ses disciples Sigulphe et Aldric, qu'il a pu satisfaire le vif attrait qu'il éprouvait pour l'étude depuis sa plus tendre enfance, et recevoir une excellente culture classique, à une époque où le renouveau provoqué par le grand empereur semblait à quelques-uns déjà défaillir, où livres et maîtres devenaient plus rares (1). Ferrières et son entourage faisaient exception (2). Loup a le culte des classiques. Fidèle à l'idée chrétienne, soucieux de remplir les devoirs de sa vocation, il réclame une étude approfondie des grands modèles, afin d'apprendre, à leur école, à formuler nettement sa pensée avec la justesse de l'expression et l'élégance de la phrase (3).

Il avouait bien que les ouvrages de ses contemporains étaient très éloignés de la pureté cicéronienne (4) mais se rendait-il compte, lui, le descendant d'une vieille famille bavaroise transplantée dans la partie occidentale de l'Empire, que ce n'est pas en un demi-siècle qu'on allait transformer en romains policés des barbares à peine pétris de christianisme, et faire parler le langage raffiné d'une civilisation arrivée à son apogée aux enfants d'une race, qui devait tout d'abord apprendre une grammaire étrangère, et traduire en un langage exotique des idées, des impressions, des faits dont Cicéron et les écrivains du grand siècle n'avaient point la notion ?

Loup alla se perfectionner à la grande école de Fulda, auprès de l'illustre Précepteur de la Germanie, Raban Maur, et le voisinage de Seligenstadt le mit en rapport avec une autre célébrité,

(1) Epist. 34, p. 42.
(2) Epist. 35, p. 44.
(3) Ib., p. 44-45.
(4) Epist. 1, p. 7-8.

Einhard. Je ne m'arrête pas à vous décrire la carrière de notre pèlerin de la science. La faveur royale en fit un chef de monastère. Abbé, Loup fut un administrateur modèle, un gardien de la discipline, un soutien pour son roi, à une époque où évêques et abbés devaient savoir chevaucher à la suite de l'armée, et, au besoin, échanger la crosse contre l'épée. L'ancien écolâtre de Ferrières eut des disciples et des admirateurs ; l'abbé eut de nombreux amis. Mais, pour nous, Loup de Ferrières est avant tout un bibliophile.

En parcourant la correspondance de Loup, on est étonné du nombre de lettres qu'il écrit pour solliciter le prêt de livres. Généralement, il ne sait pas si le traité, objet de ses désirs, se trouve dans la bibliothèque de ses correspondants, mais parfois il demande à bon escient. Les *breves voluminum*, ou catalogues de bibliothèques, étaient connus de son temps et on les recherchait avec avidité. A Fulda, Loup avait eu connaissance de celui d'Einhard ; il doit l'avoir copié, car il note soigneusement, dans l'ordre de la liste, les ouvrages qu'il désire (1).

Les listes de ce genre étaient appréciées, et la tradition s'en perpétua. Le concile de Fismes de 881 ordonne aux « missi regii » de confectionner des « breves » du trésor, des vêtements sacrés et des livres des monastères et de les remettre au roi (2). L'abbaye de Lorsch posséda plus tard

(1) Etiam postulo ut quosdam librorum vestrorum.... commodetis..... Sunt hi : Tullii de rhetorica liber ; quem quidem habeo, sed in plerisque mendosum. Quare cum codice isthic reperto contuli ; et quem certiorem putabam, mendosiorem inveni. Item eiusdem auctoris de Rhetorica tres libri in disputatione ac dialogo de Oratore. Quos vos habere arbitror, propterea quod in brevi voluminum vestrorum post commemorationem libri ad Herennium, interpositis quibusdam aliis, scriptum repperi : Ciceronis de Rhetorica. Item : Explanatio in libros Ciceronis. Praeterea : Agellii noctium Atticarum (ep. 1, p. 8).

(2) Mansi, *Concilia*. t. XVII, col. 541.

le catalogue de Fulda, et l'on sait qu'en 1210 l'abbaye de Savigny conservait ceux des principaux monastères normands (1).

A Fulda, cela va sans dire, Loup avait eu l'occasion de se rendre compte de l'importance de la bibliothèque. Il y avait remarqué notamment un Suétone en deux volumes de moyen format (2), et sans doute aussi un Josèphe (3) à moins qu'il ne s'agisse de l'exemplaire de l'abbaye de Lorsch, que les moines de Fulda empruntèrent plus tard pour en faire une copie (4). La communication du catalogue d'Einhard lui ouvrit de nouvelles perspectives : « Envoyez-moi, lui écrit-il, le livre de Cicéron *de rhetorica* ; j'en ai bien un exemplaire, mais il est plein de fautes ; celui de Fulda n'est pas meilleur. Envoyez-moi aussi le *de Oratore*. Je suppose bien que vous l'avez, puisque dans votre catalogue je note, après le livre *ad Herennium* et quelques autres, la mention suivante : *Ciceronis de rhetorica*, puis *Explanatio in libros Ciceronis*, ensuite Aulu-Gelle, *Noctium atticarum*. Il y en a encore d'autres qui m'intéressent, mais je copierai d'abord des premiers, puis je passerai aux autres » (5). Loup ne manquera pas l'occasion

(1) Falk, *Beiträge zur Rekonstruktion der alten Bibliotheca Fuldensis*. Leipzig, 1902, p. 73 ; L. Delisle, *Cabinet des manuscrits*, t. I, p. 527. L'abbaye de Wissembourg avait un registre de prêts entre 950 et 988 (O. Lerche, *Das älteste Ausleiheverzeichniss einer deutschen Bibliothek* (*Centralblatt f. Bibliothekswesen*, t. XXVII, p. 441-450).

(2) Quaeso.. ut ad Sanctum Bonifatium sollertem aliquem monachum dirigatis, qui ex vestra parte Hattonem abbatem deposcat, ut vobis Suetonium Tranquillum de Vita Caesarum, qui apud eos in duos nec magnos codices divisus est, ad excribendum dirigat (ep. 91, p. 81).

(3) Quid super Suetonio Tranquillo et Josepho a vobis fieri optem, demonstrabit Eigel, nostrarum rerum fidus interpres (ep. 10, p. 21).

(4) Cod. Vatic. Palat. 814 (Falk, p. 65).

(5) Epist, 1, voir plus haut, p. 178, note 1.

de copier l'Aulu-Gelle d'Einhard, et Raban Maur, heureux de cette bonne aubaine, en voudra prendre également une copie en gardant l'original plus longtemps que ne le désirait l'emprunteur (1).

Loup eut plus tard l'occasion de voyager beaucoup pour le service du roi et de son monastère ; il ne démentit jamais son caractère de fureteur. S'il demande à l'archevêque Orsmar de Tours de lui prêter le Commentaire de Boèce sur les Topiques de Cicéron, il a soin de lui faire remarquer que le manuscrit en question est un « chartacius codex » et qu'Amalric le possède dans l'*armarium* de St-Martin (2). Il y a tout lieu de supposer que, lors de son voyage à Rome, en 849, il jeta un coup d'œil dans la bibliothèque papale. Sous Benoît III (855-858), profitant d'un pélerinage de deux de ses moines à Rome, — et ce pélerinage n'était-il pas un pieux prétexte diplomatique ? — il demande au pontife de lui prêter quelques volumes, entre autres le *de Oratore* de Cicéron et les douze livres des *Institutiones* de Quintilien « qui uno nec ingenti volumine continentur », ce qui suppose bien qu'il l'avait remarqué en son temps (3). De même il sollicite

(1) Agellium misissem, nisi rursus illum abbas retinuisset, questus necdum sibi cum esse descriptum. Scripturum se tamen vobis dixit, quod praefatum librum vi mihi extorserit. Verum et illum et omnes caeteros, quibus vestra liberalitate fruor, per me, si Deus vult, vobis ipse restituam (epist. 5, p. 17).

(2) Supplicamus ut commentarios Boetii in Topica Ciceronis, quos in chartacio codice sive, ut emendatius aliis dicendum videtur, chartinacio Amalricus in armario sancti Martini habet, optentos ab eo nobis per hunc, quem ob hoc direximus, nuntium dirigatis (ep. 16, p. 24).

(3) Commentarios beati Hieronimi in Ieremiam, post sextum librum usque in finem praedicti prophetae... nobis mitti deposcimus in codice reverendae vetustatis, vestrae sanctitati, si id optinuerimus, postquam celeriter excriptus fuerit, sine dubio remittendos. Nam in nostris regionibus nusquam

le prêt des Commentaires de S. Jérôme sur Jérémie, à partir du livre VII « in codice reverendae vetustatis » ; n'est-ce pas là encore une curieuse remarque d'amateur ? Je n'oserais affirmer qu'il s'agisse ici d'un manuscrit vraiment existant, car Loup de Ferrières avait dû apprendre par Cassiodore (1), que S. Jérôme avait écrit vingt livres sur le prophète Jérémie, mais que lui n'en avait trouvé que les six premiers. C'étaient les seuls que Loup eût rencontrés à Fulda, où Raban Maur les avait grandement utilisés et à Ferrières, où on les possédait ; dans son pays, on n'en trouvait jamais la suite. Le fait est que les manuscrits connus sont tous incomplets, et Loup cherchait sans doute l'oiseau bleu en réclamant un texte intégral de ces commentaires de S. Jérôme.

Les nombreuses relations de Loup avec le monde ecclésiastique favorisaient son dessein : abbés et moines, évêques et pape sont mis à contribution. Les grands monastères allemands au IXe siècle se distinguaient par la culture des lettres : Fulda sous Raban Maur, Seligenstadt sous Einhard, Prüm sous Marcward, Eigil et Ansbold, pour ne parler que de ceux dont il est question dans la correspondance de Loup, étaient de véritables centres d'étude.

Prüm, dans l'Eifel, est son monastère préféré ; c'est là que tinrent la crosse Marcward, son parent et ami, Eigil, ancien moine de Ferrières, et son autre ami, Ansbold ; c'est là qu'il envoie ses jeunes oblats étudier l'allemand ; là qu'il demande des messagers pour Fulda et Seligenstadt ; là qu'on aime les

ullus post sextum commentarium potuit inveniri... Petimus etiam Tullium de Oratore et duodecim libros Institutionum oratoriarum. Quintiliani, qui uno nec ingenti volumine continentur, quorum utriusque auctorum partes habemus, verum plenitudinem per vos desideramus obtinere. Pari intentione Donati Commentum in Terentio flagitamus (ep. 103, p. 90-91).

(1) *De Inst. div. lett.* c. 3 (Pat. lat. t. LXX, col. 1114).

lettres et qu'écrit Wandelbert, un fervent, lui aussi, de la Renaissance carolingienne. C'est à Prüm qu'il envoie ses instructions au sujet du Suétone et du Josèphe qu'il désire faire copier : « Je vous en prie, écrit-il à l'abbé Marcward, envoyez à St-Boniface (de Fulda) un moine intelligent qui demande, de votre part à l'abbé Hatton, d'y transcrire le *de vita Caesarum* de Suétone, qui s'y trouve en deux volumes de moyenne grandeur (1) ; Eigil est chargé de lui dire ce qu'il attend de lui au sujet de ces manuscrits (2). C'est de Prüm qu'il a reçu un exemplaire des Lettres de Cicéron, qu'il fera confronter avec l'exemplaire de Ferrières, pour le corriger, s'il en est besoin ; c'est là qu'il s'adresse pour réclamer un *Tullius in Arato*, afin de compléter son exemplaire. C'est par ce canal qu'il demande qu'on lui transmette la partie d'un volume que l'abbé Ratleic de Seligenstadt doit lui faire transcrire (3).

Tours lui promettait de bonnes trouvailles ; n'est-ce pas là qu'avait vécu Alcuin ? Je crois bien ne pas me tromper en rattachant à un voyage de son correspondant Adalgaud, dans la ville de St-Martin, les glanes qu'il y a faites : « Grand merci, lui écrit-il, pour le concours fraternel que tu m'as prêté en corrigeant notre Macrobe ; encore voudrais-je voir le livre dont tu ne m'as envoyé qu'un feuillet, car il est d'une diligence vénérable et très exacte. Je ne te félicite

(1) Epist. 91, voir p. 179, note 2.

(2) Epist. 10, voir p. 179, note 3.

(3) Abbas monasterii, quod Germanice Saligstat appellatur, cui nomen est Ratlegio, partem quandam cuiusdam libri faciet mihi describi eamque vestro mihi reddendam nuntio se traditurum promittit (ep. 60, p. 61).

Tullianas epistolas, quas misisti, cum nostris conferri faciam, ut ex utrisque, si possit fieri, veritas exculpatur. Tu autem huic nostro cursori Tullium in Arato trade (ep. 69, p. 67).

pas moins à propos du Commentaire de Boèce ; encore ne me dis-tu pas s'il est entier, s'il est à toi, si tu l'as collationné sur un autre. Tu oublies de me dire si tu as transcrit pour nous le livre des Tusculanes, et quels livres tu as trouvés » (1). Loup ne pouvait manquer de remercier l'archevêque Orsmar du chaleureux accueil fait à son frère Adalgaud, et de l'appui qu'il lui avait prêté. Il sait maintenant que St-Martin possède un manuscrit des Commentaires de Boèce sur les Topiques de Cicéron ; il demande à l'emprunter (2).

C'est de la partie germanique de l'Empire que doit revenir Reginbert, un autre moine intimement lié à Loup, à un moment où le pays du roi Charles est troublé, et où il faut voyager sous bonne escorte pour éviter les maraudeurs : « Rapportez-moi, lui dit-il, le Catilina et le Jugurtha de Salluste, les Verrines, ou tous autres ouvrages de nature à corriger les nôtres ou à enrichir notre dépôt » (3).

A Corbie, il demande un exemplaire de Fauste de Riez (4). S'il rencontre un manuscrit des Annotations de S. Jérôme

(1) Habeo.. tibi plurimas gratias, quod in Macrobio corrigendo fraternum adhibuisti laborem. Quanquam librum, cuius mihi ex eodem folium direxisti, præoptarem videre. Est enim revera venerabilis et exactissimae diligentiae. Nec minus tibi gratulor pro commento Boetii. Nescio tamen adhuc, an totum hic contineatur, aut si tuum sit, aut si cum alio id contuleris..... Siquidem neque utrum liber Tusculanarum nobis esset scriptus, neque quid Agio ageret, neque quos libros inveneris... expressisti (ep. 8, p. 20).

(2) Epist. 16, voir page 180, note 2.

(3) Catilinarium et Iugurthinum Sallustii librosque Verrinarum et, si quos alios vel corruptos nos habere vel paenitus non habere cognoscitis, nobis afferre dignemini, ut vestro beneficio et vitiosi corrigantur et non habiti numquamque nisi per vos habendi hoc gratius quo insperatius adquirantur (ep. 104, p. 91).

(4) Epist. 111, p. 95 ; ep. 112, p. 97.

sur les Prophètes, il s'empresse de l'envoyer à l'évêque Héribold d'Auxerre, mais il est moins heureux dans sa chasse aux Commentaires de César *de bello gallico* (1).

Mais Loup ne se décourage pas ; il écrira à York, et, s'il le faut, il s'adressera à Rome. A York, l'abbé Altsig avait la réputation d'être un amateur des bonnes études. Loup essaie de nouer des relations avec lui ; il cherche à l'intéresser, et il lui demande son concours pour obtenir une série de manuscrits : les *Quaestiones* de S. Jérôme sur l'Ancien et le Nouveau Testament, dont parle Cassiodore, les *Quaestiones* de Bède sur le même sujet, les Commentaires de S. Jérôme sur Jérémie à partir du 7e livre, les douze livres de Quintilien : on les copierait dans le prieuré de St-Josse-sur-Mer, plus rapproché que Ferrières de l'Angleterre (2).

Altsig ne put sans doute pas satisfaire aux demandes de Loup ; ce n'est pas d'aujourd'hui que l'Angleterre ne se risque pas à faire passer la Manche à ses manuscrits. Loup s'adresse au pape lui-même, et prie Benoit III de lui prêter ce fameux Commentaire de S. Jérôme sur Jérémie, à partir du livre VII,

(1) Ceterum codicem annotationum beati Hieronimi in prophetas, necdum a me lectum, vobis morem gerens dirigo : quem vestra diligentia cito aut excribendum aut legendum procuret nobisque restitui iubeat.....

Gaius Iulius Caesar historiographus Romanorum nullus est. Commentarii belli Gallici, quorum ad vos manavit opinio, tantum extant..... Eiusdem itaque Iulli commentarios, ut primum habere potuero, vobis dirigendos curabo (ep. 37, p. 46).

(2) Obnixe flagito ut quaestiones beati Ieronimi, quas, teste Cassiodoro, in vetus et novum testamentum elaboravit, Bedae quoque vestri similiter quaestiones in utrumque testamentum itemque memorati Ieronimi libros explanationum in Hieremiam, praeter sex primos, qui apud nos reperiuntur, ceteros qui secuntur ; praeterea Quintiliani Institutionum oratoriarum libros XII per certissimos nuntios mihi ad cellam sancti Iudoci... dirigatis tradendos Lantramno, qui bene vobis notus est, ibique excribendos vobisque, quam poterit fieri celerius, remittendos (ep. 62, p. 62).

le Cicéron *de Oratore*, les *Institutiones* de Quintilien, le Commentaire de Donat sur Térence (1).

Ailleurs, on le voit en possession du *Collectaneum* de Bède sur S. Paul (2) et d'un Tite-Live (3).

Loup était un quémandeur de premier ordre ; mais rendait-il la pareille ? Inutile, mes chers collègues, d'insister sur la susceptibilité des bibliophiles ; *inter vates*, nous pouvons nous reconnaître ce petit défaut. Quand Loup rentra de Fulda à Ferrières, où il avait passé près de sept ans, on jasa sur son compte : c'était, disait-on en France, l'amour de la langue allemande qui l'avait retenu si longtemps loin du pays ; en tout cas, il devait revenir chargé de trésors. On jase encore de nos jours. Un certain Immon, on a supposé que c'est le futur évêque de Noyon, lui demanda une liste des livres qu'il avait transcrits ou lus à Fulda. Pareille question parut insidieuse à notre Loup : répondre à la légère, c'était risquer de passer pour vantard ; en tout cas, cela lui parut une imprudence. « Pour vous parler en toute simplicité, écrit Loup, je vous dirai que le but principal de mon voyage n'était pas, comme on l'a dit sottement, un engouement exagéré pour la langue germanique ; non, c'est avant tout à la lecture que je me suis consacré, et, par précaution contre les défections de la mémoire et pour augmenter mon bagage d'érudition, je me suis procuré quelques livres » (4).

(1) Epist. 103. voir p. 180, note 3.

(2) Epist. 76, 9. 70.

(3) Epist. 73 et 74, p. 69.

(4) Cur autem vobis significari petieritis, quos libros in Germania vel scripserim vel legerim, demiratus sum nec satis causam comprehendere potui ; nisi forte mei experimentum argute capere voluistis, propositis duabus rebus, quarum altera, si cessissem, videri poterat ostentationis, altera imprudentiae puerilis. Itaque simpliciter vobis aperio principem

Inutile de faire remarquer qu'à travers ces lignes perce l'appréhension de devoir livrer ses trésors au premier venu. Loup n'est nullement opposé au prêt ; ç'eût été ingratitude et égoïsme de sa part. Mais les emprunteurs sont les mêmes sous tous les climats et à toutes les époques. Service pour service entre amis est de bonne politique ; encore, quand il s'agit d'argent ou de livres, faut-il prendre ses précautions. Livre prêté, livre perdu, c'est un vieil adage. Plus d'une bibliothèque s'est enrichie de livres complaisamment prêtés, aussi complaisamment retenus et fatalement oubliés. Loup exige donc des garanties. « Le livre que tu me demandes, écrit-il au moine Altwin, de Germanie, bon nombre de personnes auxquelles on ne doit pas prêter me l'on réclamé après mon retour, mais j'ai presque décidé de ne l'envoyer nulle part de peur de le perdre. Quand tu viendras ici, tu pourras peut-être le recevoir. Impossible de le remettre au clerc que tu m'as désigné, quelque fidèle qu'il te paraisse, car il voyage à pieds ; je m'étonne que tu n'aies pas pensé à cela (1) ». A l'évêque Héribold d'Auxerre : « je vous envoie le Commentaire de S. Jérôme sur les Prophètes, écrit-il, je ne l'ai pas encore lu, mais c'est pour répondre à vos désirs ; ayez soin de le faire transcrire ou de le lire sans retard et renvoyez-le moi... Dès que j'aurai un César, je vous l'enverrai (2). » « Je vous enverrais le livre que vous me demandez écrit-il à Reginbert, si j'avais à ma disposition un messager sûr ; d'ailleurs, vous savez que je suis disposé à vous com-

operam me illic destinasse lectioni et ad oblivionis remedium et eruditionis augmentum libros pauculos paravisse nec Germanicae linguae captum amore, ut ineptissime quidam iactarunt, sarcinam subiisse tanti tamque diuturni laboris (ep. 41, p. 49).

(1) Epist. 20, p. 28.

(2) Epist. 37, voir p. 184 note 1.

muniquer tous les livres que je possède et ceux que je pourrai acquérir à l'avenir (1). » « Renvoyez-moi Tite-Live, écrit-il à l'archevêque Wénilon de Sens, nous en avons grand besoin (2). » Formule bien connue ! L'archevêque de Reims, Hincmar, lui avait demandé le *Collectaneum* de Bède sur S. Paul : « je n'ai pas osé vous l'envoyer, écrit Loup, car le livre est de grand format ; on ne peut le cacher dans sa poche ni le porter dans une besace. Et puis, il faut prévoir la rapacité des gens sans conscience, que la beauté du Codex ne manquerait pas de tenter. Peut-être ne serait-il pas arrivé à son adresse ; en tout cas, il serait perdu pour moi. D'ailleurs, je vous le prêterai, dès que j'aurai la bonne fortune de vous rencontrer (3) ».

Loup a son atelier de copistes à Ferrières ; il en a établi un autre dans le prieuré de St-Josse-sur-Mer (4). Il veut de beaux et de bons manuscrits ; il les veut corrects, et, pour arriver à cette correction, il confronte les textes. L'érudition moderne lui a rendu pleinement justice ; Louis Traube l'a comblé d'éloges et V. Schnetz a montré avec quel tact de critique il avait corrigé le manuscrit de Valère Maxime, conservé aujourd'hui, sous le n° 366, à Berne (5). Loup a entendu dire que le scripteur royal Bertcaud possède une description de

(1) Epist. 6, p. 18.

(2) Epist. 74, p, 69.

(3) Collectaneum Bedae in apostolum ex operibus Augustini veritus sum dirigere propterea quod tantus est liber, ut nec sinu celari nec pera possit satis commode contineri. Quapropter si alterutrum fieret, formidanda esset obvia improborum rapacitas, quam profecto pulchritudo ipsius codicis accendisset ; et ita forsitan et mihi et vobis periisset (ep. 76, p. 70).

(4) Epist. 62, p. 62.

(5) *Ein Kritiker des Valerius Maximus in 9. Jahrhundert.* Progr. Neuburg 1901.

la mesure des anciennes lettres, appelées par quelques-uns onciales ; il prie Einhard de la lui envoyer (1).

Je m'arrête. En Loup de Ferrières, je vous ai montré un des types les plus curieux de la Renaissance carolingienne, un humaniste éclairé et zélé, un partisan désintéressé de la culture scientifique. Son enseignement fut fécond, son exemple entraînant. C'est au prix de longs efforts et d'un zèle inlassable qu'il a contribué pour une large part à sauver du naufrage les œuvres de l'Antiquité classique. L'école de Ferrières n'est pas un foyer isolé dans la société religieuse et monastique du IXe siècle. Si la correspondance de Loup et les souvenirs de ses disciples Frédelon, Adon, Heiric nous permettent de pénétrer dans son intimité, cette correspondance a aussi l'avantage de lever discrètement le voile sur d'autres foyers de vie littéraire, Auxerre, Tours, Prüm, Fulda, York, à une époque où Lorsch, Reichenau, St-Gall, Corbie, Hersfeld poursuivent leur mission pacifique, et de laisser deviner le travail de reconstitution sociale qui s'opère dans ces grands centres religieux et monastiques. Comme sauveurs des monuments du passé, comme initiateurs des peuples nouveaux à la culture antique, source toujours fraîche de la beauté littéraire, ces modestes ouvriers du IXe siècle ont droit à notre respect et à notre reconnaissance.

---

(1) Scriptor regius dicitur antiquarum litterarum, dumtaxat earum quae maximae sunt et unciales a quibusdam vocari existimantur, habere mensuram descriptam... mittite mihi eam... (cp. 5, p. 17).

L. J. Delmotte

La Bibliothèque publique de Mons

NOTES ET SOUVENIRS

> Si j'en étais le maître, je sèmerais des livres par toute la terre, comme on sème du blé dans les sillons.
>
> HORACE MANN.

> Après le plaisir de posséder des livres, il n'y en a guère de plus doux que celui d'en parler.
>
> CHARLES NODIER.

MESSIEURS ET CHERS COLLÈGUES,

La Bibliothèque de Mons doit son existence à la loi du 3 brumaire an IV de la République française (1) instituant dans chaque département une École centrale à laquelle était annexée une Bibliothèque publique.

Quelques mois après la promulgation de cette loi, de grandes affiches, placardées dans la ville, apprenaient aux Montois que Mons, chef-lieu du département de Jemappes, bénéficiait de cette faveur (2). « L'établissement d'un cours « d'instruction publique est le plus beau présent qu'on

(1) 25 octobre 1795.

(2) L'arrêté de l'Administration départementale est daté du 17 floréal an V (6 mai 1797).

« puisse faire au peuple.... », ainsi débutait l'arrêté qui, après avoir énuméré les bienfaits de l'instruction, créait des jurys pour l'examen des instituteurs et des institutrices primaires et pour l'examen des professeurs de la future École centrale.

Le recrutement du corps professoral fut lent et difficile, les cours ne purent être inaugurés qu'en floréal de l'an VII. Afin de ne pas retarder la formation de la Bibliothèque, l'administration départementale résolut, en séance du 9 floréal an V, que tous les livres existants dans les couvents et les communautés religieuses supprimés seraient immédiatement transportés à l'abbaye d'Épinlieu. Ensuite de cette décision, près de 33.000 volumes parvinrent au bibliothécaire Philibert Delmotte. Celui-ci les examina un à un et les inventoria. Après un triage minutieux, un grand nombre furent mis au rebut, et 6.020 volumes seulement furent catalogués et placés dans les rayons. En quelques années, ce travail fut accompli ; le 16 floréal an X, le public eut accès dans l'ancienne église de l'abbaye d'Épinlieu transformée en salle de lecture.

Pour mener à bien l'organisation de la Bibliothèque, Philibert Delmotte eut à vaincre des difficultés que tout autre aurait jugées insurmontables. Mais le bibliophile qui était en lui triompha de tous les obstacles. Il puisa, dans l'amour des livres et dans la conscience de la haute utilité de son œuvre, l'énergie qui suppléa à la pénurie des ressources financières et matérielles et la force morale qui eut raison de l'inertie et de l'indifférence du personnel administratif, attentif surtout à satisfaire les exigences des partis politiques se disputant la prédominance.

Je ne puis mieux faire pour rendre hommage au mérite et à la mémoire de Philibert Delmotte que rappeler les éloges que lui décernait notre distingué concitoyen Charles

Delecourt (1), un nom marquant dans les annales de notre Compagnie, et aujourd'hui encore dignement porté par l'un de ses membres.

« Quelque grands que fussent les obstacles, M. Delmotte ne s'en effraya cependant pas ; il déploya un zèle et une activité qui ne se démentirent jamais, et parvint, à force de persévérance et de ténacité, à mener à bonne fin, la mission qui lui avait été confiée. Nous sommes heureux de consigner ici ce témoignage de la reconnaissance qui lui est due par tous nos concitoyens. C'est à lui, en grande partie, que nous devons la formation de la Bibliothèque. Sans ses constants efforts, sans le zèle infatigable et éclairé qu'il mit à rechercher, à réclamer, à rassembler tous les livres devenus la propriété de la République dans le département de Jemmapes, ces richesses littéraires eussent probablement été pillées, détruites ou vendues par les agens du domaine, et la ville de Mons serait peut-être encore aujourd'hui privée d'une bibliothèque publique. » (2)

En organisant, voilà quelques semaines, l'exposition du centenaire de notre Bibliothèque communale, je me suis souvenu de ces paroles de Charles Delecourt, et il m'a paru que j'accomplissais un devoir de gratitude en associant le nom de Delmotte à la célébration de cet anniversaire. Et ce n'est pas sans émotion que j'ai réuni, sous une même vitrine, le portrait de Delmotte, par son ami Madou ; la *minute du catalogue des livres de la Bibliothèque près l'École centrale*

(1) Delecourt (Charles-Jean-Baptiste-Joseph) né à Mons, le 19 mars 1808, y décédé le 4 juin 1839.

(2) *Notice historique sur la Bibliothèque de Mons*, par feu Ch. Delecourt, avocat, conseiller communal de cette ville, etc., extraite des Documents pour servir à l'*histoire des Bibliothèques de la Belgique* publiés par Aug. Voisin, bibliothécaire de l'Université de Gand. Gand, 1840.

du département de Jemmapes, avec cette note autographe : « Le 23 prairial an 9, j'ai envoyé une expédition de ce « catalogue au Préfet, avec invitation de la faire passer au « Ministre de l'Intérieur. J'en ai remis une seconde expé- « dition au Préfet, pour rester dans ses bureaux » ; des miniatures sur ivoire reproduisant ses traits, ceux de sa femme et de son fils Henry ; une invitation au bal donné par le préfet Garhier ; enfin, la carte informant de son décès et invitant à ses funérailles, souvenirs familiaux conservés pieusement par une personne amie de la Bibliothèque, et qui avait bien voulu nous les confier.

* * *

> Le patrimoine béni où est le salut de l'humanité, c'est le livre qui le représente. Tout homme entre les mains duquel le livre n'arrive pas est frustré du meilleur de son héritage.
>
> JEAN MACÉ.

> Les livres sont cosmopolites, ils brisent les cadres des nations, mais ils reconstituent les familles spirituelles.
>
> MAURICE BARRÈS.

Les Écoles centrales n'eurent qu'une durée éphémère. N'ayant point obtenu tout le succès que le législateur en avait espéré, elles furent supprimées par la loi du 11 floréal an X, et remplacées par les Lycées. L'École de Mons eut le sort commun ; un arrêté du 24 vendémiaire an XI en ordonna la fermeture pour le 1er nivôse suivant. Quant à la Bibliothèque, un arrêté du 8 pluviôse an XI la mit à la disposition et sous la surveillance de la municipalité, à charge pour celle-ci de pourvoir à sa conservation et à son entretien. Cette condition était, pour la ville de Mons, une charge d'autant plus lourde que l'état de ses finances était alors fort précaire; aussi montra-t-elle peu d'empressement à accepter la donation qu'on lui proposait. Dans cette conjoncture, Delmotte n'épargna aucune démarche, il multiplia les instances, adressa rapport sur rapport, requête sur requête, au maire et au préfet, ne négligea aucun moyen pour conserver à ses concitoyens le précieux dépôt dont la création lui avait coûté tant de peine et de travail.

En séance du 13 floréal an XII, le Conseil municipal accepta la donation, vota la prise de possession des collections en acceptant de remplir toutes les obligations qui en résultaient. Dès lors, il semblait que la destinée de la Bibliothèque était assurée, et cependant son existence allait être bientôt de nouveau menacée.

Les bâtiments de l'église et de l'abbaye d'Épinlieu appartenaient au Domaine ; l'État en ordonna la vente qui eut lieu le 29 octobre 1807. La ville obtint de l'acquéreur la location, pour deux ans, de l'église dans laquelle la Bibliothèque était installée ; mais, après ce délai, le bail ne fut pas renouvelé. Que faire, à quel parti se résoudre ? Grand était l'embarras, et, pour en sortir, d'aucuns, partisans des solutions simples et faciles, conseillèrent la vente des livres. Heureusement, ce conseil ne fut pas goûté par tous. Des pétitions, inspirées par Delmotte, n'en doutez pas, furent adressées au maire et au préfet. Les signataires réclamaient avec instance « des mesures propres à assurer une existence durable à un établissement aussi utile qu'honorable pour la ville. »

Différents projets furent mis à l'étude. Après bien des hésitations et maintes délibérations, le Conseil municipal décida, en séance du 15 mai 1808, de transférer la Bibliothèque dans les locaux de l'ancien Collège des Jésuites, rue des Gades, et une somme de 12.000 francs fut affectée aux travaux d'aménagement et d'appropriation.

Le 6 août 1811 — voilà un siècle — la Bibliothèque était ouverte dans le local qu'elle occupe encore aujourd'hui.

C'est en commémoration de cet anniversaire que fut organisée cet automne, du 22 au 28 septembre, une exposition des *cimelia* de la Bibliothèque.

*
* *

Aux locaux et à la salle de lecture de la Bibliothèque se rattachent bien des souvenirs. Ils ont trait à l'histoire locale ; comme tels, ils ne peuvent nous être indifférents et vous me saurez gré de les tirer de l'oubli.

Les Pères de la Compagnie de Jésus se fixèrent à Mons en 1583. Quinze ans après leur arrivée, ils ouvrirent un Collège, puis, en 1611, ils fondèrent un Séminaire.

Le *Séminaire* occupait l'emplacement où s'élèvent, depuis 1888, les bâtiments de l'Athénée royal ; dès 1802, ses locaux servaient au Collège de Mons transformé en Athénée royal en 1850. La *Maison* et le *Collège* occupaient tout l'espace compris entre les rues d'Enghien, Tour Auberon, des Telliers, des Gades et rue Cronque. La Compagnie possédait là un ensemble d'immeubles importants. L'église s'élevait à l'angle de la rue des Telliers et de la rue des Gades, presqu'à l'endroit où a été édifiée récemment l'église des Dames de l'adoration du Saint-Sacrement.

Dans les bâtiments de la rue des Gades se trouvait à l'étage la salle de la Congrégation de la sainte Vierge, la *Sodalité*, devenue, depuis, la salle de lecture de la Bibliothèque.

La *Sodalité* était une association puissante groupant un grand nombre de membres ; les réunions étaient fréquentes. A l'une des extrémités de la salle on voyait un autel élevé à la Vierge et surmonté d'un grand tableau représentant l'Annonciation ; de chaque côté, d'autres tableaux à sujets religieux : la Visitation, la Nativité, l'Adoration des Mages, la Vierge Marie, les portraits de saint Ignace et de saint François-Xavier ; cette décoration picturale était complétée par des paysages (1). A l'autre extrémité, en face de l'autel, était aménagé un théâtre avec ses accessoires ; les jours de fête et de distribution de prix, on jouait des tragédies, des comédies, des églogues et même on mimait et dansait des ballets.

Les programmes de plusieurs de ces représentations théâtrales ont été conservés. Ils nous apprennent que le 19 janvier 1710, on joua devant le duc d'Arenberg, grand bailly du Hainaut, une pastorale : *Philandre* ; et en 1719, une autre pastorale : *Daphnis* ; le 2 septembre 1722, *Abimelech*, une tragédie entremêlée de ballets. Lors d'une visite, en 1726, de Monseigneur l'archevêque de Cambray, l'on interpréta devant sa Grandeur : *Le triomphe de la diligence ou le travail vainqueur de la paresse.* Voici le titre complet de l'un de ces programmes : *Xerxès, tragédie dédiée à Messieurs les Magistrats de la Ville de Mons et représentée par les écoliers du Collège de la Compagnie de Jésus à Mons, le 29 d'août à une heure et demie après midi pour les Dames seulement ; et le 30 pour les Messieurs à la même heure. Les prix seront distribués par la Libéralité des dits Messieurs. Mons, Léopold Varret, 1758.* Après la tragédie, on joua une comédie : *L'Antiquaire*, et le tout fut agrémenté de deux ballets figurés par dix-sept élèves, l'un intitulé : *La pantomime du jardinier italien;* l'autre : *La pantomime du cueilleur de cerises.* Le 27 août 1770, le spectacle comportait une tragédie

(1) Ernest MATTHIEU, *Documents iconographiques du Hainaut. Sceau de la Sodalité de la Visitation érigée au Collège de la Compagnie de Jésus à Mons.* (Bulletin de la Société des Bibliophiles belges séant à Mons, t. I, fasc. 3, p. 88 à p. 96, Mons, Dequesne-Masquillier, 1911).

française : *Théophile*, c'est la dernière représentation, avant la suppression de l'ordre, dont le souvenir se soit conservé. (1)

Après avoir connu l'opulence et joui d'un brillant prestige, la Compagnie de Jésus entra dans une ère de tribulations, de vicissitudes. L'année 1773 marque une date néfaste dans son histoire. Pour des motifs longuement exposés dans le bref du 21 juillet 1773, le pape Clément XIV prononça la dissolution de l'ordre. Cette mesure rigoureuse répondait aux vœux des souverains d'Europe ; Marie-Thérèse la ratifia le 13 septembre de la même année.

Les biens des Jésuites firent retour à l'État et dans la suite ils furent vendus publiquement. C'est alors qu'une partie des immeubles de la rue des Gades devint la propriété de la ville. La salle de la Sodalité fut fermée et ses portes ne se rouvrirent que le 25 et le 26 août 1775 pour la distribution des prix aux élèves du Collège de Houdain. Ceux-ci représentèrent la tragédie *Zelmire*, sur le « théâtre des ci-devant Jésuites » nous apprend le programme. Puis, pendant de longues années, la salle resta sans emploi jusqu'au jour où, en 1792 ou plus exactement en 1793, la *Société des Amis de la Liberté et de l'Egalité* y tint ses assises.

*
* *

Cette Société, le « Club » comme on l'appelait, joua un rôle important durant la période troublée qui suivit l'entrée des Français à Mons, le 7 novembre 1792, le lendemain de la bataille de Jemappes.

Les séances se tinrent d'abord dans la salle du *Concert*

(1) Ces représentations ainsi que celles organisées au Collège de Houdain étaient subventionnées par le Magistrat communal. (J. Declève, *le Théâtre à Mons. Mémoires et Publications de la Société des Sciences, des Arts et des Lettres du Hainaut*, v^e^ série, t. 4, p. 115).

bourgeois, rue des Belneux, puis dans la salle Saint-Georges, voisine de l'Hôtel-de-Ville, enfin dans la chapelle du Collège, comme on nommait alors la salle de la Congrégation de la Sainte Vierge.

Le bureau siégeait sur le théâtre où naguère les collégiens jouaient la tragédie. Derrière le fauteuil du président on avait mis en belle place une pierre provenant des cachots de la Bastille et offerte aux *Amis de la Liberté de Mons* par le patriote Palloy (1).

Le 11 février 1793, après l'assemblée tenue à Sainte-Waudru et au cours de laquelle fut votée la réunion de la Belgique à la France, vote imposé par les Clubistes, les vainqueurs de la journée fêtèrent bruyamment leur succès. Ils se rendirent le soir à 6 heures, à leur local de la rue des Gades ; pas un ne manqua à cette séance mémorable entre toutes. On y applaudit la *Marseillaise* chantée par le conventionnel Lacroix ; Gonchon l'orateur du faubourg Saint-Antoine prononça un discours « analogue à la circonstance »; et Danton fut acclamé lorsqu'après avoir félicité les Montois de leur patriotisme et exalté leur civisme, il s'écria dans un bel élan oratoire : Montois, je salue en vous les Marseillais de la Belgique !

Le souvenir de ces séances se perpétua ; des vieillards qui, dans leur jeunesse, avaient porté la carmagnole et coiffé le bonnet de liberté, la *rouge barette* disaient les Montois, continuaient, par habitude, à désigner sous le nom de « Club » la Bibliothèque publique. Feu Léopold Devillers, de qui je tiens cette particularité, ajoutait que ces mêmes vieillards avaient vu distribuer aux indigents, sous le porche du « Club », des

(1) Hublard, *Les pierres de la Bastille et la première pierre de la colonne départementale conservées au Musée de Mons*. Mons. 1911. (Mémoires et Publications de la Société des Sciences, des Arts et des Lettres du Hainaut, 61e volume de la collection).

portions de soupe, des soupes économiques ou à la Rumford (1).

* * *

> Le livre est, historiquement parlant, le monument de la pensée humaine ; où croît le livre, croît la pensée. Aujourd'hui un peuple doit lire ou périr. C'est une des conditions de la lutte, suprême facteur de l'évolution.
>
> ***

* * *

> Le livre est la meilleure munition que j'aye trouvé à cet humain voyage.
>
> MONTAIGNE.

En parlant de cette demeure devenue la « maison des livres », je m'attarde à vous conter de vieilles histoires ; peut-être, et ce sera mon excuse, y trouverez-vous un certain charme, le charme mélancolique qui s'attache aux choses du passé.

Si tel est votre bon plaisir, nous reviendrons, après ce détour, à la Bibliothèque au moment où elle s'ouvrait au public en 1811.

Elle possédait alors 6000 volumes classés et catalogués. Hormis quelques grands ouvrages d'histoire provenant de la bibliothèque des États de Hainaut, la plupart de ces livres traitaient de théologie, de droit canon, de liturgie, d'hagiographie, d'histoire sacrée. Les plus précieux : manuscrits, xylographies, incunables avaient appartenu aux couvents et notamment aux abbayes de Bonne-Espérance, de Saint-Ghislain et de Saint-Denis en Brocqueroie. En 1834, le nombre des volumes avait presque doublé, il s'élève à 11.963.

(1) Soupes à la *Rumford* du nom du savant et du philanthrope dont une partie de la vie fut employée à combattre le paupérisme.

Enfin en 1910, la Bibliothèque inscrit à son catalogue 72.000 volumes et brochures (1).

En ne tenant compte que du nombre des volumes, la Bibliothèque de Mons vient en cinquième rang dans l'ordre d'importance des Bibliothèques publiques du pays, après Bruxelles, Gand, Liège et Louvain.

Non seulement la Bibliothèque de Mons possède beaucoup de livres, mais elle a aussi des lecteurs assidus.

S'il est vrai, comme le prétend M. H. La Fontaine, secrétaire général de l'Institut international de bibliographie, que « le lecteur crée l'utilité du livre », nous sommes en droit de conclure en considérant, d'une part, les éléments formant la clientèle habituelle : étudiants, avocats, ingénieurs, médecins, professeurs, érudits, et, d'autre part, le nombre et la nature des ouvrages consultés, que la Bibliothèque de Mons remplit la mission qu'on attend d'elle.

En nous basant sur la statistique des dernières années, nous pouvons évaluer la moyenne annuelle des visites à 12.000, et

(1) En 1911, la Bibliothèque est riche de 72.475 volumes et brochures. Les collections comprennent notamment *a*) 450 manuscrits dont plusieurs présentant un grand intérêt ; quelques-uns de ceux-ci ont été édités par la Société des bibliophiles belges séant à Mons ; *b*) 152 incunables et deux impressions xylographiques ; *c*) 1500 plans, vues et estampes concernant le Hainaut et plus particulièrement la ville de Mons. Le service des périodiques comprend 164 revues, publications et journaux.

Les accroissements proviennent d'achats, faits au moyen de la subvention allouée par l'administration communale, d'envois du gouvernement, de dons et legs. Parmi ces derniers nous ne rappellerons que les plus importants : la bibliothèque du minéralogiste Drapiez comprenant 3000 volumes environ, la plupart concernant les sciences naturelles ; la collection des plans et vues de Mons formée par Léon Dolez, président du Tribunal ; une partie de la bibliothèque de Jules Dolez, avocat, ayant trait à la littérature wallonne montoise.

la moyenne annuelle des volumes consultés dans l'établissement et prêtés au dehors à 30.000 (1).

Ces chiffres nous montrent qu'à côté du Musée d'hygiène, du Musée d'histoire naturelle, du Musée des beaux-arts dont l'inauguration est prochaine, la Bibliothèque publique a sa place marquée dans l'ensemble des œuvres d'enseignement qui sont l'honneur de notre ville.

Une Bibliothèque publique est en effet un moyen puissant d'enseignement ou mieux *d'auto-enseignement*. En la fréquentant, l'étudiant apprend à connaître les livres et à s'en servir, et de plus, et c'est là le point important, il s'initie à la méthode de la recherche personnelle. En fournissant des ouvrages de référence, des manuels, des traités technologiques, la Bibliothèque répond à des nécessités immédiates, aux besoins journaliers de l'étudiant, mais elle met aussi à sa portée des ouvrages de haute culture intellectuelle : philosophie, histoire, art, littérature. Et pour peu que la curiosité de ses vingt ans l'y pousse, l'étudiant découvrira au dessus du domaine de l'utilité pratique et de la spécialisation, un domaine plus vaste aux limites lointaines, confinant parfois aux pays du rêve : le domaine de la spéculation.

J'entends les objections et les récriminations. Prenez garde, me dira-t-on, ne détournez pas l'étudiant de ses études, il n'a que trop de propension à s'en éloigner, songez que les

(1) Voici les chiffres extraits du *Rapport Communal* renseignant sur l'activité de la salle de lecture pendant l'année 1911.

Nombre total des visites : 11.879. Nombre total des volumes consultés dans l'établissement et prêtés au dehors : 30.073, se répartissant de la manière suivante : A. Sciences naturelles, physique, chimie, mathématiques, médecine, hygiène : 8.588 ; B. Philosophie, sociologie, droit, économie politique : 5.396 ; C. Littérature, roman, théâtre : 4.858. D. Histoire et géographie ; 3.342 ; E. Archéologie, architecture, beaux-arts : 1.119 ; F. Commerce, industrie, sciences appliquées : 6.770.

heures lui sont comptées, à peine trouve-t-il le temps de fournir chaque jour la tâche que réclame le programme de plus en plus chargé et compliqué des Écoles, et puis, craignez le surmenage!

Voyons si ces craintes sont justifiées.

De même que l'abus des exercices physiques compromet l'équilibre physiologique et nuit au travail intellectuel, de même une trop grande variété de lectures faites sans discernement, peut amener, nous le reconnaissons, une dissipation des forces de l'esprit préjudiciable à l'application et à la réflexion qu'exige l'étude. Ne laissons donc ni au hasard ni au caprice le soin de pourvoir à nos lectures. Rappelons-nous la recommandation de Sénèque à Lucilius, et que la sagesse de son conseil nous éclaire et nous guide.

« Prenez garde, écrit-il, que dans cette lecture que vous faites de plusieurs auteurs et toutes sortes de livres, il n'y ait quelque chose de vague et de trop léger. Il faut s'attacher, et se nourrir de leur esprit, si nous en voulons tirer quelque chose qui demeure au fond de notre âme. Qui est partout n'est nulle part. Ceux qui ne s'arrêtent à aucun auteur, et qui passent légèrement sur les matières, sont semblables aux voyageurs, lesquels se font beaucoup d'hôtes et point d'amis. (1) »

Je pense que par une distribution et un emploi judicieux des heures, l'étudiant — et je pourrais citer des exemples — peut mener de front l'étude, les sports et la lecture. Quant au surmenage intellectuel, il n'est pas aussi redoutable qu'on le prétend ; des gens bien informés m'assurent que cette maladie est plutôt rare à tous les âges et surtout à vingt ans.

(1) *Œuvres complètes* de Sénèque, le philosophe, avec la traduction en français, publiées sous la direction de M. Nisard, Paris, 1844. Épître à Lucilius, p. 526.

Mais les adeptes de l'utilitarisme terre à terre — ils sont légion dans notre pays — viennent à la rescousse avec les arguments que vous connaissez pour les avoir entendu énoncer souventefois, et se résumant dans cette phrase typique : l'art, la littérature, la philosophie, la science pure, qu'est-ce que cela rapporte, à quoi cela sert-il ?

Ah ! oui, voilà, à quoi cela sert-il ?

Mon maître tant regretté Léo Errera, inaugurant il y a vingt ans, les conférences de la Société des Sciences, des Arts et des Lettres du Hainaut, répondait à une même question s'appliquant aux conférences. « La plupart des sujets qui seront traités, disait-il, sont de nature abstraite et sans aucune utilité immédiate pour vous. Mais c'est bien là, ajoutait-il, ce qui fait leur grand mérite à mes yeux. Il y a profit pour chacun de nous à appliquer de temps en temps son attention à de pareils sujets, à secouer la poussière des idées quotidiennes et à s'élever vers les régions du savoir théorique et désintéressé (1). »

N'est-ce point le même langage qu'en disciple d'Errera, le docteur Demoor, recteur de l'Université libre de Bruxelles, tient aux étudiants des quatre Facultés lorsqu'il leur dit : « Ennoblissez votre cœur en scrutant les grands problèmes sociaux soulevés au nom du droit et du dévouement et en n'éloignant pas de votre horizon les préoccupations artistiques qui ne peuvent faire défaut chez aucun homme. Que votre éducation soit intégrale ! (2) »

(1) Léo Errera, *La nécessité des études superflues*. (Mémoires et Publications de la Société des Sciences, des Arts et des Lettres du Hainaut, v^e série, t. 4, p. 324).

(2) Jean Demoor, *Ce qu'est l'étude de la vie*. Discours prononcé à l'ouverture solennelle des cours, le 16 octobre 1911. (Revue de l'Université de Bruxelles, 17e année, 1911-1912, n° 1, p. 26).

Dans la bouche de savants dont l'œuvre, essentiellement positive, est basée sur l'observation directe de la nature et l'expérimentation, ces paroles prennent une valeur, acquièrent une autorité que nul ne contestera.

Aussi suis-je en droit de m'en inspirer pour demander à mon tour : n'est-il point désirable que la jeunesse trouve un aliment à son enthousiasme dans la connaissance des grands problèmes que se posent les sciences, peut-elle rester indifférente aux efforts de ceux qui en recherchent la solution ?

Ne vous semble-t-il pas qu'après une large part faite aux sciences exactes et appliquées : mathématiques, chimie, physique, mécanique, quelques heures consacrées chaque semaine à la lecture d'un sermon de Bossuet, d'un chapitre des mémoires de Saint-Simon, d'une lettre de Pascal, ou bien encore des œuvres de Gaston Boissier, de Lavisse, de Pirenne soient perdues et sans profit ? L'éducation intellectuelle du mathématicien ou du naturaliste ne gagnera-t-elle pas à la connaissance des *Essais de critique et d'histoire* de Taine, comme celle du jurisconsulte ou du littérateur à la connaissance de la *Science expérimentale* de Claude Bernard ? L'élève ingénieur sera-t-il dans l'avenir un chef d'industrie moins expérimenté et le candidat en sciences commerciales un financier ou un commerçant moins avisé, si après avoir « bloqué » l'un, un traité d'exploitation des mines ou de traction électrique, et l'autre, un manuel des opérations de banque, tous deux goûtent la beauté d'une ode de Ronsard, le charme d'un poème de Musset et d'un sonnet de Sully-Prudhomme? Et au cours de ce voyage au royaume des poètes

Après chaque côte gravie
Découvrant de nouveaux sommets

peut-être, auront-ils, au détour du chemin, la vision ensoleillée de

. . . . l'hôtellerie
Blanche sous la treille fleurie,
Toujours promise pour demain (1).

Pensez-vous, quelle que soit la nature de nos occupations professionnelles, que ce soit un gaspillage de temps de feuilleter les *Essais* de Montaigne, de lire et méditer cette page où le « grand douteur » affirme sa confiance, sa foi dans le compagnon fidèle, l'ange gardien qui dans les moments difficiles nous tend une main secourable, nous réconforte et nous console. « Le commerce de livres costoye tout mon cours et m'assiste par tout ; il me console en la vieillesse et en la solitude ; il me descharge du poids d'une oysifveté ennuyeuse, et me desfaict à toute heure des compaignies qui me faschent ; il esmousse les poinctures de la douleur....... »

Et Montaigne continue : « Le temps court et s'en va ce pendant, sans me blecer ; car il ne se peult dire combien je me repose et séjourne en cette considération, que les livres sont à mon costé pour me donner du plaisir à mon heure, et à recognoistre combien ils portent de secours à ma vie....... Le livre est la meilleure munition que j'aye trouvé à cet humain voyage.... (2) »

Je m'arrête et je m'excuse, j'oublie, mes chers Collègues, à qui je parle, je prêche des convertis. L'un de nous, heureux propriétaire d'une merveilleuse bibliothèque où les *livres vielz et anctiques* voisinent avec les plus élégantes productions de l'imprimerie moderne, j'ai nommé l'honorable et sympa-

(1) Richepin, *Les blasphèmes*. Paris, Dreyfous, 1884, p. 331.

(2) *Essais* de Michel de Montaigne, nouvelle édition avec les notes de tous les commentateurs choisies et complétées par J. V. Le Clerc. Paris, Garnier, 1866, t. III, p. 246 et p. 247.

thique M. De Backer, n'a-t-il pas la joie indicible, la délectation de lire Montaigne dans les éditions de 1580 de Bordeaux, de 1588 de Paris, et dans l'édition posthume de 1595 ?

*
* *

> Les livres sont des morts et en même temps ils sont la survie des siècles passés.
>
> MAURICE BARRÈS.

> Ma bibliothèque est comme l'âme de ma maison.
>
> CICÉRON.

Cette causerie — à bâtons rompus — m'entraîne au-delà du temps que votre bienveillance met à ma disposition ; cependant je voudrais, avant de terminer, vous entretenir de la place qu'occupe la Bibliothèque de Mons dans la classification des Bibliothèques publiques.

La Bibliothèque de Mons participe à la fois de la Bibliothèque encyclopédique ou de culture générale, de la Bibliothèque-laboratoire, de la Bibliothèque-musée.

Cette terminologie empruntée à l'excellente étude du distingué bibliothécaire d'Amiens, M. Henri Michel, sur les Bibliothèques municipales, a un sens très précis.

Elle est, disons-nous, une Bibliothèque encyclopédique, car elle a pour mission de répondre à des besoins divers et de qualité distincte, et elle poursuit un triple but : enseigner, renseigner, entretenir et développer la culture intellectuelle.

Comme telle, elle s'adresse à trois catégories de lecteurs : l'étudiant, l'homme de métier et le professionnel, le lettré.

Comprise de la sorte, la Bibliothèque est une annexe de l'école, un bureau de renseignements, et j'ajouterai un foyer de vie intellectuelle, car elle remplit une fonction éducatrice d'un ordre très élevé.

Pour satisfaire à ces exigences, la Bibliothèque doit réunir pour chaque branche des connaissances humaines, les manuels et les traités les plus récents, comme elle doit posséder les dictionnaires les plus complets, les encyclopédies les plus détaillées, recevoir des journaux et des revues, acquérir les ouvrages capitaux marquant une étape dans l'évolution de la pensée, fixant un point de repère dans le mouvement des idées, synthétisant enfin une époque. Dans le développement de l'être moral, meubler l'intelligence ne suffit pas : encore faut-il former le caractère. Aussi, parmi ces ouvrages, une belle place appartient-elle aux grands écrivains de tous les temps. Leur influence est grande sur le développement de la culture humanitaire. Les œuvres littéraires, disait récemment M. le professeur Wilmotte, une page de Victor Hugo ou de Lamartine, une tragédie de Corneille, un roman de Balzac, de Flaubert ou d'Anatole France « enrichissent notre sensibilité, mûrissent notre raisonnement, élargissent notre personnalité » (1).

Comme vous le voyez, le programme est vaste et il ne peut être réalisé que d'une façon très relative même par les Bibliothèques jouissant de ressources considérables, disposant d'un budget opulent. Il n'est point de Bibliothèque au monde, même la plus riche, dont les collections renferment les dix millions de livres imprimés depuis le XVe siècle, nombre formidable s'augmentant chaque année de 150.000 volumes (2).

(1) Discours prononcé par M. Wilmotte, professeur à l'Université de Liége, à la distribution des prix aux élèves des Écoles de la Ville de Bruxelles en 1911.

(2) Une statistique récente nous apprend, en effet, que de 1426 à 1908, 10.378.365 livres ont été imprimés, et que pendant la période de 1900 à 1908, la production universelle s'est élevée à 1.395.552 volumes. (Consulter à cet égard et sur les problèmes bibliographiques les nombreux tra-

En présence d'un tel amoncellement de livres, on s'est vu dans la nécessité de spécialiser les Bibliothèques et de créer des Bibliothèques-laboratoires. Il faut entendre par là des bibliothèques à l'usage des savants et des spécialistes. Ces Bibliothèques, ordinairement des Bibliothèques universitaires et de grandes institutions scientifiques, collectionnent tous les documents : livres, monographies, mémoires, revues qui, ayant pour objet une seule science ou même une branche de cette science, sont nécessaires et indispensables au chercheur soucieux de connaître complètement l'état d'une question. Comme type de Bibliothèque de cette nature, nous avons, à Bruxelles, la Bibliothèque de *l'Institut de Sociologie Solvay*, un modèle du genre, véritable laboratoire de travail et de recherche, admirablement organisé et destiné aux personnes poursuivant une étude déterminée et ayant déjà une certaine connaissance scientifique de leur sujet (1).

Sous certains rapports, le Bibliothèque de Mons participe de la Bibliothèque laboratoire. En quoi, me direz-vous, cette Bibliothèque peut-elle être considérée comme une Bibliothèque laboratoire ?

Loin de moi la pensée, je vous prie de le croire, de comparer notre petite Bibliothèque aux établissements que l'on trouve dans les grands centres universitaires. Mais ce qui nous permet de revendiquer ce titre dans des conditions modestes, très modestes, il est vrai, c'est que notre Bibliothèque renferme un ensemble de documents sur l'histoire

vaux de MM. La Fontaine et Otlet et notamment : *L'État actuel des questions bibliographiques et l'organisation internationale de la documentation*, IVe Conférence internationale de Bibliographie et de Documentation. Bruxelles, juillet 1908.)

(1) Charles Sury, *La Bibliothèque de l'Institut de Sociologie Solvay* (Revue des Bibliothèques et Archives de Belgique, t. 1, fasc. 4, 1903).

locale qu'on ne pourrait trouver ailleurs aussi complet. C'est une source abondante de renseignements et d'informations, à laquelle doivent puiser l'érudit désireux de préciser quelques points douteux, l'historien voulant mener à bien l'étude d'une institution économique, civile ou religieuse de la ville de Mons.

Enfin, notre Bibliothèque peut être rangée au nombre des Bibliothèques-musées. Elle possède des manuscrits, des impressions xylographiques rarissimes : la *Biblia pauperum* et l'*Exercitium super Pater noster*, des incunables remarquables, des livres à gravures d'une grande beauté.

Ce sont là des documents précieux. Pour beaucoup de gens, les profanes, ce sont des « bouquins » des vieux livres... Eh oui, ce sont des vieux livres, mais pour nous ce sont des reliques. Nous avons pour ces vieux livres un profond respect et une grande admiration ; ils recèlent toute la science des temps révolus, beaucoup sont l'expression d'un art admirable de sincérité et de vérité.

Ecoutez ce que pense de ces vieux livres un savant qui les aime.

« Ayons un pareil souci des livres anciens et des livres nouveaux. Ne les opposons pas les uns aux autres. Il n'est pas de livre tellement mort que la vie ne puisse s'y rallumer encore, et les plus vivants deviendront à leur tour des choses du passé....

» Les livres, quels qu'ils soient, peuvent toujours aboutir à des actes ; ils ont en eux la promesse et le germe d'une réalité extérieure à eux mêmes. Sous cet aspect de nécropole dont on les raille volontiers, les Bibliothèques où s'accumulent tant de livres sont bien, sans paradoxe, les foyers d'une énergie d'autant plus intense, qu'elle est bien plus mystérieuse et cachée. Parce qu'elles contiennent tout le passé, elles contiennent encore tout l'avenir ; parce qu'on s'efforce d'y conserver l'acquis de la pensée, on y enferme encore le possible de l'action. Comme au château de la Belle au Bois dormant, dans nos galeries de livres, toujours quelque princesse invisible attend un libérateur. Elle s'est endormie en feuilletant une vieille histoire étrangement illustrée de licornes et d'alérions ; le livre est ouvert sur ses genoux, ses yeux sont clos, et sous son corsage aux ramages fanés son cœur a cessé de battre. Quelques débonnaires dragons — ce sont les bibliothécaires — gardent ce trésor, et le plus humble lecteur peut, à son insu, être un jeune prince charmant qui vient réveiller la jeune belle endormie (1). »

Cet humble lecteur — le prince charmant appelé à opérer le prodige — n'est-ce point l'historien, l'érudit, le bibliophile ? Qu'il s'appelle Delmotte, Renier Chalon, Adolphe Mathieu, Lacroix, Delecourt, Potvin, Rousselle, Camille Wins, Léopold Devillers, toujours une même passion le guide, le même amour l'anime. Il fait défiler sous nos yeux la brillante chevauchée des barons du Tournoy de Chauvency (2), ou bien il nous conduit en Terre sainte à la suite de Georges Lengherand, Mayeur de Mons (3) ; avec lui nous

(1) Henri Michel, *Les Bibliothèques municipales*. Conférence faite à l'École des Hautes Études sociales sous le patronage de l'Association des Bibliothécaires français avec le concours de l'Institut international de Bibliographie et du Cercle de la Librairie. Revue politique et littéraire (Revue bleue) 8 juillet 1911, p. 45 à p. 50.

(2) *Les tournois de Chauvency*, donnés vers la fin du XIIIe siècle, décrits par Jacques Brétex, 1285. Annotés par Philibert Delmotte et publiés par H. Delmotte, son fils. Valenciennes, A. Briquet, 1835, gr. in 8°.

(3) *Voyage de Georges Lengherand, Mayeur de Mons en Hainaut, à Venise, Rome, Jérusalem, Mont-Sinaï et le Kaire* (1485-1486), avec introduction, notes, glossaire, etc., par le marquis de Godefroid Ménilglaise. Mons, Masquillier et Dequesne, 1861. In-8° (n° 19 de la Collection des Bibliophiles belges).

assistons aux fêtes magnifiques que Marie de Hongrie offre à Philippe II en son incomparable château de Binche (1); grâce à lui, la chronique du bon Chevalier Messire Gilles De Chin (2) nous est révélée, et la légende du vertueux Perceval le Gallois et du Saint Graal (3) n'a plus de secret; par sa voix, les rithmes et refrains tournésiens du XVe siècle (4) retentissent joyeux, et les ballades rimées par Marguerite d'Autriche (5) nous dévoilent les regrets mélancoliques de Margot,

. . . . la gente demoiselle
Qu'eut deux marys et qui mourut pucelle.

Hier, à la soirée, en parcourant ainsi les publications de nos prédécesseurs depuis la première, celle de Delmotte et de Chalon, intitulée : *Le Gouvernement du pays d'Haynau* (6),

(1) *Le siège et les fêtes de Binche* (1543 et 1549). Deux documents publiés avec traduction, liminaires et notes, par CH. RUELENS. Mons, Dequesne-Masquillier, 1878. In-8° (N° 25 de la Collection).

(2) *La chronique du bon chevalier messire Gilles de Chin*, publiée d'après un manuscrit de la Bibliothèque de Bourgogne, à Bruxelles, par R. CHALON. Mons, Hoyois-Derely, 1837. In-8° (N° 4 de la Collection).

(3) *Perceval le Gallois, ou conte du Graal*, par Ch. POTVIN. Mons, Dequesne-Masquillier, 1866-1873, 6 vol. in-8° (N° 21 de la collection).

(4) *Ritmes et refrains tournaisiens, poésies couronnées par le Puy d'escolle de rhétorique de Tournai* (1477-1491) extraites d'un manuscrit de la bibliothèque publique de Tournai. Publiées par Fréd. HENNEBERT. Mons, Hoyois-Derely, 1837. In-8° (N° 3 de la collection).

(5) *Albums et œuvres poétiques de Marguerite d'Autriche, gouvernante des Pays-Bas*; publiés en entier pour la première fois d'après les manuscrits de la Bibliothèque royale de Belgique. Publié par Emile GACHET. Mons, Em. Hoyois, 1849. In-8° (n° 17 de la collection).

(6) *Gouvernement du pays d'Haynau, depuis le trépas de l'Archiduc Albert, d'heureuse mémoire, 1621.* Publié par H. DELMOTTE et R. CHALON. Mons, Hoyois-Derely, 1835. In-8° (n° 1 de la collection).

j'étais émerveillé de la somme d'érudition accumulée dans cette longue suite de travaux, et mon admiration et ma gratitude allaient à ces savants qui, par un labeur méconnu et le plus souvent ignoré du public, ont enrichi le patrimoine des sciences historiques de tant de richesses. Et tout en feuilletant ces vieilles chroniques, en compulsant ces mémoires et ces recueils, la vérité de cette parole de Maurice Barrès m'est apparue éclatante : « Les livres sont des morts et en même temps ils sont la survie des siècles passés. »

Mons, 19 novembre 1911.

www.ingramcontent.com/pod-product-compliance
Ingram Content Group UK Ltd.
Pitfield, Milton Keynes, MK11 3LW, UK
UKHW021107220726
13924UKWH00004B/1571

9 782019 219499